DU

SCRUTIN DE LISTE

ET DU

SCRUTIN UNINOMINAL D'ARRONDISSEMENT

PAR J.-B. CHEVALLIER

DOCTEUR EN DROIT, AVOCAT A LA COUR D'APPEL DE PARIS

> En matière d'élection, le principe fondamental, c'est que
> l'électeur fasse ce qu'il veut et sache ce qu'il fait.
> GUIZOT.
> Le scrutin de liste est une mystification indigne d'un
> peuple libre.
> M. ÉDOUARD LABOULAYE.
> (*Questions constitutionnelles*, Paris, 1872, p. 94, note 1.)

Prix : 1 fr. 50

PARIS

E. DENTU, LIBRAIRE-ÉDITEUR

17 ET 19, GALERIE D'ORLÉANS (PALAIS-ROYAL)

—

1875

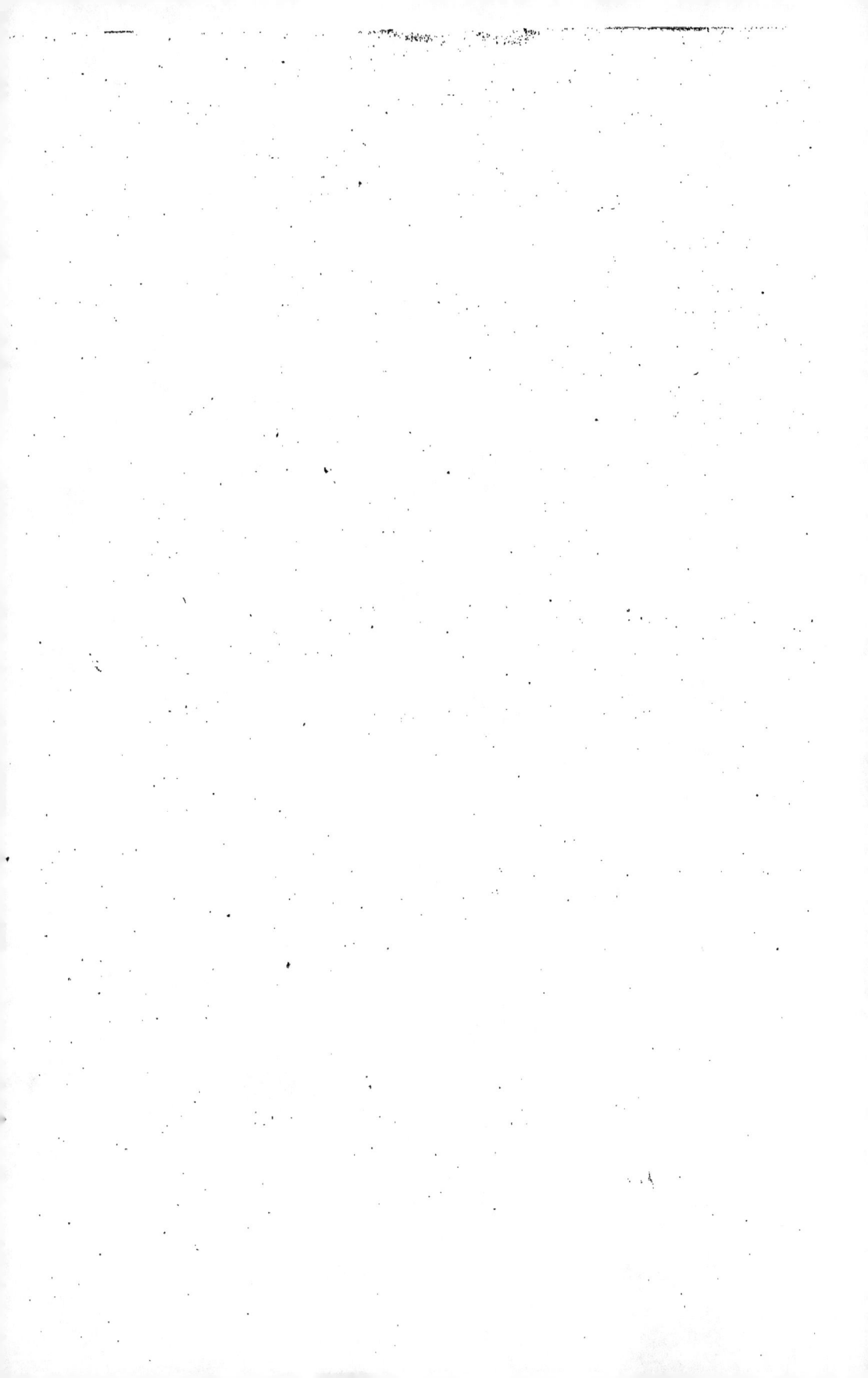

DU

SCRUTIN DE LISTE

ET DU

SCRUTIN UNINOMINAL D'ARRONDISSEMENT

PARIS. — TYPOGRAPHIE LAHURE
Rue de Fleurus, 9

DU

SCRUTIN DE LISTE

ET DU

SCRUTIN UNINOMINAL D'ARRONDISSEMENT

PAR J.-B. CHEVALLIER

DOCTEUR EN DROIT, AVOCAT À LA COUR D'APPEL DE PARIS

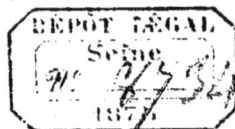

PARIS

E. DENTU, LIBRAIRE-ÉDITEUR

17 ET 19, GALERIE D'ORLÉANS (PALAIS-ROYAL)

—

1875

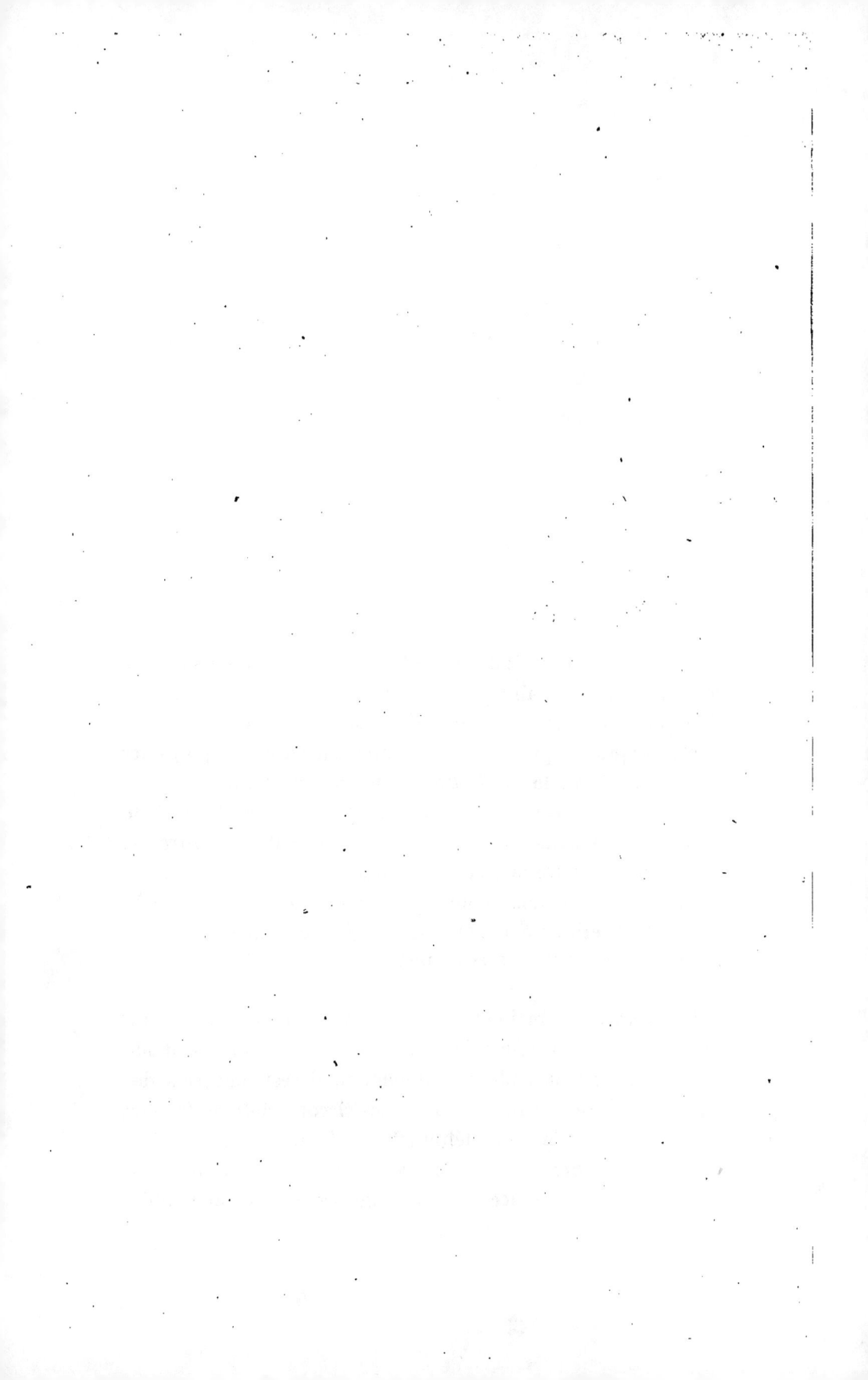

Des circonstances indépendantes de notre volonté ne nous ont pas permis de faire paraître plus tôt cet écrit : sa publication, pour être tardive, n'est pas encore inopportune.

Montesquieu a pu dire, sans aucune exagération, que, chez un peuple libre, la confection d'une loi électorale n'est pas chose moins importante que la désignation même du chef de l'État.... Nous nous sommes proposé, dans cette brochure, de démontrer qu'entre le scrutin uninominal d'arrondissement et le scrutin de liste départemental, il y a la différence d'un mode de votation sérieux à une pure loterie politique.... Serait-il raisonnable de jouer à croix ou pile l'avenir et les libertés de la France ?...

La question du meilleur mode de scrutin n'est pas la seule que soulève la discussion de la loi électorale. En supposant admis le principe du suffrage uninominal, il reste encore à déterminer en premier lieu l'étendue des circonscriptions de vote. Pour ce qui est de cette délimitation, il est vrai, on ne rencontre pas de divergence sérieuse entre les partisans du scrutin individuel : tous acceptent l'arrondissement comme unité

de collége, et personne n'oserait recommander le système détestable des circonscriptions arbitraires de l'Empire. Les meilleurs esprits sont, au contraire, profondément divisés sur l'organisation de la représentation des arrondissements les plus
peuplés, sur la représentation de Paris, sur le point de savoir
s'il convient ou non d'accorder des députés à l'Algérie et aux
Colonies.... Nous avons consacré notre neuvième paragraphe
à l'examen de ces graves problèmes. Le dixième traite de la
situation actuelle du grand parti conservateur libéral, et de la
ligne de conduite que ce parti doit adopter, selon nous, dans
la prochaine lutte électorale...

A côté d'imperfections très-nombreuses, le public apercevra
dans les pages qui suivent la trace de sérieuses études politiques. Si d'ailleurs, en entreprenant ce travail, nous avions trop
présumé de nos forces, nous conserverions encore deux titres
à l'indulgence du lecteur: le premier serait cette noble et irré-
sistible passion des affaires publiques qu'a développée en notre
âme Celui qui, dans ce monde, marque la place des plus
humbles; le second, notre inviolable attachement à cette su-
blime cause à laquelle l'immortel exilé de Florence dévouait
sa vie, et dont, hélas! peut-être pas plus que lui, nous ne
sommes destiné à voir le triomphe :

Libertà va cercando, ch'è si cara...

JEAN-BAPTISTE CHEVALLIER FILS.

Dozulé (Calvados), octobre 1875.

DU

SCRUTIN DE LISTE

ET DU

SCRUTIN UNINOMINAL D'ARRONDISSEMENT

> En matière d'élection, le principe fondamental, c'est que l'électeur fasse ce qu'il veut et sache ce qu'il fait.
>
> GUIZOT.
>
> Le scrutin de liste est une mystification, indigne d'un peuple libre.
>
> M. ÉDOUARD LABOULAYE.
>
> (*Questions constitutionnelles*. Paris, 1872, p. 94, note 1)

Que l'on aborde un homme appartenant aux classes moyennes de notre société, un petit rentier de village, par exemple, et qu'on lui tienne ce discours : « Des élections législatives, vous le savez, vont avoir lieu prochainement, on ne saurait encore dire toutefois d'après quel mode de scrutin. Les uns souhaiteraient que vous nommassiez un député à vous, un député représentant votre arrondissement : d'autres, au contraire, proposent de vous faire élire simultanément et sur un même bulletin dix députés qui représenteraient votre département tout entier. » J'affirme sans crainte de me tromper que ce modeste rentier, étranger à tout esprit de système, exempt d'ambition personnelle, ne vous laissera pas aller plus loin et que, n'écoutant que son bon sens : « Qu'entends-je, monsieur, s'écriera-t-il? Choisir un député pour cet arrondissement, soit. J'habite la commune depuis vingt, trente, quarante ans.... Au sein des différents partis politiques qui, pour le malheur du pays, nous divisent ici comme partout, j'ai l'honneur de connaître personnellement les cinq ou six hommes pouvant prétendre au mandat législatif. Je ne suis pas sans me trouver avec eux de temps en temps, je sais à quoi m'en tenir sur leur situation sociale, leurs aptitudes, leur vie publique et privée. Plus d'une fois même, j'ai eu occasion de les entendre exprimer leur manière de voir sur les principales questions d'intérêt général ou local actuellement à l'ordre du jour. En mettant dans l'urne le nom d'un de ces compatriotes, je puis donc avoir chance d'émettre un vote éclairé. Mais me demander de donner en même temps mon suffrage à dix hommes dont plusieurs habiteront à l'extrémité opposée du département, c'est-à-dire à trente ou trente-cinq lieues d'ici et parmi lesquels il y en aura bien sept ou huit que je n'aurai jamais vus, dont je ne peux connaître les mérites que par mon journal, cela vraiment n'est point sérieux ! Et notez-le bien, si moi qui suis, de très-loin il est vrai, la marche des affaires publiques, mais qui enfin aime encore à savoir un peu ce qui se passe, si moi je me reconnais incapable de voter avec discernement pour vos listes de dix noms, que sera-ce de ces ouvriers, de ces paysans qui forment aujourd'hui les neuf dixièmes du corps électoral? Oh! ceux-là, quoi qu'ils fassent, auront tous les droits possibles au pardon du Calvaire. Ils viennent à la mairie : à la porte on leur présente les différentes listes.... «Laquelle est la bonne,» balbutient ces malheureux? Là-dessus chaque courtier de vanter son élixir et de déprécier celui du voisin ; si bien que nos pauvres électeurs ahuris, n'ayant jamais entendu prononcer le nom de la plupart des candidats en présence, finissent par déposer à peu près au hasard leur bulletin dans l'urne au fond de laquelle va se décider le sort de trente-cinq millions de Français !... Et l'on voudrait donner à ce beau tour de passe-passe le nom d'élection ! Ce n'est qu'une farce de mauvais goût, une plaisanterie navrante, oui ! navrante, car il n'est pas de spectacle plus pénible que celui d'hommes ve-

nant accomplir un acte des plus graves sans qu'il leur soit matériellement possible de se rendre compte de ce qu'ils font. Or vos
neuf millions d'ouvriers et de paysans, pipés aux abords des mai-
ries par une demi-douzaine de hâbleurs, ne peuvent pas plus pénétrer la signification véritable de chacune des listes qu'un caniche
deviner la couleur politique du journal qu'il porte au voisin ! »

Voilà assurément le langage que vous tiendra dans sa rude franchise un petit propriétaire d'une intelligence ordinaire, ayant la
bonne habitude de juger par ses propres yeux, au lieu de recevoir
d'une gazette ou d'un comité une opinion toute faite. Certes, le
brave homme tomberait de son haut si on lui apprenait qu'en ce
moment l'Assemblée nationale est sur le point de se partager en
deux fractions à peu près égales sur la question du vote départemental par scrutin de liste et du vote uninominal par arrondissement ; et même il ne serait point impossible, tant la chose lui
paraîtrait peu naturelle, qu'il en vînt à se demander si tous les partisans du scrutin de liste se sont bien réellement décidés par des
raisons tirées exclusivement de l'étude du sujet....

Libre, d'ailleurs, à notre malin rural d'éclaircir ses soupçons !
Quant à nous, en écrivant cette brochure en faveur du scrutin
d'arrondissement, nous n'avons eu d'autre dessein que de faire
une œuvre de droit politique, de science constitutionnelle ; c'est
dire que notre travail ne s'adresse qu'à ceux de nos adversaires qui
ne se refusent pas à être convaincus !... Pour ceux-là seulement,
passons en revue, en essayant de les réfuter, les principaux arguments produits par les défenseurs du scrutin de liste.

I

Le premier, et vraisemblablement un de ceux sur l'effet duquel on compte le plus, consiste à dire que, dans l'état de division où se trouve actuellement le parti de l'ordre en France, le scrutin de liste offre cet avantage de permettre aux divers groupes conservateurs de se rapprocher, de s'entendre, d'arriver à se faire à chacun sa part, sa place dans la représentation départementale.

Une telle considération a frappé au premier abord beaucoup de bons esprits; mais il n'est pas nécessaire de réfléchir bien long-temps pour comprendre que ceux dont elle déterminerait la con-viction seraient dupes d'un décevant mirage.

Prétendre, en effet, que chacune des différentes opinions con-servatrices puisse jamais avoir sa part équitablement faite sur une liste unique, c'est supposer aux partis un esprit de justice et d'abnégation dont ils ne sont pas capables. Les partis n'abandon-nent que ce qu'ils ne sauraient emporter : leur devise sera toujours le cri de la *Médée* de Corneille.

. . . . Moi!
Moi, dis-je, et c'est assez!

S'il a été un moment où cette union des hommes d'ordre ait pré-senté moins d'obstacles qu'en temps ordinaire, c'est assurément en 1871. Eh bien, dans mon département, le Calvados, qu'on peut certes citer entre tous pour la sagesse et la modération de ses habitants, dans le Calvados circulaient alors plus d'une demi-douzaine de listes, sans compter la liste avancée; et si celle-ci n'a pas triomphé, en présence d'un tel éparpillement des forces conservatrices, cela tient à ce que le parti radical, dans nos cantons, ne dispose que d'un chiffre de voix dérisoire. Ajoutez qu'un parti considérable, le parti bonapartiste, n'avait pas fait de listes ou du moins n'avait risqué que deux ou trois éclaireurs sur une ou deux listes incolores !... Oh ! je sais parfaitement bien que dans un grand nombre de départements on distribuait des listes dites de l'*Union nationale* ou portant une qualification analogue. Qu'étaient en réalité ces listes ? Des bulletins sur lesquels un parti commençait par se faire à lui-même la part du lion, ne réservant aux hommes de nuance opposée qu'un quart ou un cinquième des siéges, et encore avec cette double précaution, d'abord de varier ces nuances adverses, *Divide ut imperes !* et ensuite de choisir dans chaque groupe les noms les plus ternes, les personnalités les moins gênantes pour les vues des auteurs de la liste.

Voilà à quoi se sont réduites, en 1871, ces fameuses concessions entre conservateurs que l'on fait sonner si haut dans l'intérêt du scrutin de liste. Et il n'est pas téméraire d'affirmer que dans une situation normale, aux prochaines élections par exemple, les divisions seraient bien autrement accentuées, bien autrement ardentes. Les légitimistes extrêmes hésiteraient déjà à mettre sur leur liste des membres de la droite modérée; ils rejeteraient indubitablement les membres des deux centres. Les bonapartistes proscriraient tous les dissidents, sauf les candidats de l'extrême droite !

Le seul résultat que les apôtres de la conciliation pourraient espérer, ce serait de parvenir à faire figurer quelques noms sur plusieurs listes, mais, encore une fois, ces noms ne seraient jamais ceux d'individualités éminentes. Dans le monde moral comme dans le monde physique, les hautes têtes attirent la foudre !...

Pendant, d'ailleurs, que les conservateurs perdraient ainsi un temps précieux à tenter la confection de listes impossibles, pendant que les heures s'écouleraient en récriminations violentes et réciproques qui n'ajouteraient rien à la dignité du parti de l'ordre dans la lutte, les radicaux, eux, ne s'endormiraient pas, ils auraient la route libre et se hâteraient de mettre à profit cette bonne fortune. Dans l'arène électorale, comme sur le champ de bataille, c'est la décision, c'est la rapidité des mouvements, ce sont les coups frappés fort et frappés vite qui assurent la victoire.

Je laisse de côté le cas où la conciliation ne se faisant que sur le papier, les différents groupes, ou tout au moins les esprits les plus ardents de chaque groupe, bifferaient avant de marcher au vote, sur la liste commune, les noms de [plusieurs candidats, pour les remplacer par des *purs* de leur opinion !

Il est encore un autre péril du scrutin de liste que ses partisans ne semblent pas apercevoir : deux de nos grands partis politiques n'ont qu'à se coaliser pour avoir les plus grandes chances d'obtenir ensemble une forte majorité dans les élections ; et comme, après leur commun succès, ces alliés d'un jour ne manqueront pas de se déclarer de nouveau la guerre, l'Assemblée se trouvera ainsi coupée en deux et la situation ne pourra se dénouer que par des troubles civils ou un coup d'État [1]. Voilà comment le scrutin de liste facilite l'entente entre les divers groupes conservateurs !

Nos contradicteurs nous montrent, dans le vote uninominal, les champions des différentes nuances conservatrices partant en guerre, sur toute la surface du pays, les uns contre les autres et renouvelant en face de l'Horace révolutionnaire la course et la faute des trois Curiaces blessés. Mais nous venons de le prouver, le scrutin de liste offre absolument le même spectacle aux yeux de ceux qui prennent la peine de regarder le dessous des cartes. Retournant même contre nos adversaires l'argument qu'ils nous opposent, nous soutenons que les divisions si regrettables des conservateurs compromettent d'une manière beaucoup moins grave les chances de succès du parti de l'ordre avec le scrutin d'arrondissement qu'avec le scrutin de liste. On va en comprendre tout de suite la raison : le scrutin de liste engage la lutte entre trois ou quatre drapeaux : les électeurs votent non pour des hommes, mais pour des unités constituantes ou législatives, pour des mythes ; dans le vote par arrondissement

---

1. C'est M. Edouard Laboulaye qui, dans une brochure publiée au commencement de 1851, sur la *Révision de la Constitution*, a indiqué le premier cet inconvénient très-grave du scrutin de liste. Le savant publiciste n'a en vue que les élections pour l'Assemblée de révision, mais le même danger n'est que trop réel dans toutes. —De pareilles coalitions sont matériellement impossibles avec le scrutin d'arrondissement : on va voir ci-dessous pourquoi.

au contraire, l'homme est non-seulement quelque chose, mais beaucoup. Si donc l'arrondissement possède un de ces hommes exception-
nels qui, sous n'importe quel régime, ont leur place marquée dans
les conseils de la nation, tous les citoyens éclairés, sans discuter
sur sa nuance politique, tiendront à honneur de se le donner comme
représentant. Les opinions dissidentes s'effaceront devant lui ; si
une ou deux têtes folles s'aventurent dans la lice, elles y resteront
battues et meurtries de telle sorte, que leur exemple servira longtemps de leçon dans la contrée.

En supposant qu'il ne se rencontre pas dans l'arrondissement de
candidature s'imposant ainsi au suffrage universel, les conservateurs, beaucoup moins pressés que ne se l'imaginent certaines
personnes, d'être accommodés à la sauce révolutionnaire, les conservateurs se verront, délibéreront. Sur un espace aussi étroit que
le territoire d'un arrondissement, tous les hommes quelque peu
influents se connaissent ; et, à moins d'avoir habité la province, on
ne saurait se figurer combien l'estime mutuelle, les rapports jour-
naliers, la fréquentation d'amis communs rendent moins acerbes
les dissentiments politiques !... Dans un travail publié en 1874 par
le *Correspondant*, M. Hilaire de Lacombe, dont les préférences sont
acquises à une sorte de demi-scrutin de liste, à un scrutin de liste
par circonscriptions, M. de Lacombe paraît compter beaucoup, pour
la formation de l'union électorale conservatrice, même dans l'hypothèse du scrutin départemental, sur les assemblées préparatoires
où doivent être arrêtées les listes[1]. Mais jamais une élection d'arrondissement ne s'est faite également sans réunions préparatoires ;
et nous pouvons bien le dire sans avoir à craindre de démenti, il y
a toujours eu entre les réunions d'arrondissement et les réunions
pour la composition des listes, cette différence digne d'être notée
que les secondes ne comprennent que les coryphées de chaque coterie, tandis que les premières ne cessent d'ouvrir leurs portes à
tous les hommes bien posés dans le pays. Aussi les listes ne sont-
elles dressées, en réalité, que par trois ou quatre chefs de parti, tan-

1. *Le scrutin de liste par circonscriptions.* — Livraison du 25 avril.

dis que la désignation du candidat d'arrondissement est faite par l'élite de la population....

Les différents groupes conservateurs ne sont pas tous d'égale force dans chacun de nos arrondissements, et aucun d'eux ne se souciant de courir bénévolement au-devant d'un échec, ce sont les principaux citoyens, ainsi assemblés dans leurs cantons respectifs ou sur un point de l'arrondissement, qui pèseront les mérites et les chances de succès. Quand on habite depuis quelque temps une cir- conscription sous-préfectorale, rien de plus facile que de tâter le pouls des électeurs et de pénétrer leur manière de voir. Cette ma- nière de voir une fois bien constatée, si quelques récalcitrants per- sistent à tenter d'en faire prévaloir une autre, des amis communs s'interposeront, parleront avec la franchise, avec l'autorité que per- mettent d'anciennes relations et une amitié éprouvée, feront ressor- tir quelle redoutable responsabilité assumeraient sur leur nom ceux qui, pour essayer de satisfaire une ambition personnelle, prépare- raient le triomphe du candidat avancé; et comme les individus sont, grâce à Dieu, cent fois moins égoïstes que les partis, neuf fois sur dix un désistement sera ainsi obtenu.

Tout cela se fera sans bruit, tête à tête, avant que la presse, dont le rôle d'ailleurs est aussi effacé dans l'élection par arrondissement qu'il est prédominant dans l'élection au scrutin de liste, ait eu le temps, en lançant, attaquant, défendant des candidatures, de sou- lever les passions, de piquer l'amour-propre, de fermer les voies à la conciliation.

Toutefois, objectera-t-on, vos électeurs d'arrondissement ne seront pas tenus d'emboîter le pas derrière ceux des candidats qui se seront retirés de la lutte et de voter à leur suite pour l'individualité de- meurée debout. Vous ne sauriez éviter l'écueil de l'abstention, du bulletin blanc !... Nouvelle erreur de nos antagonistes. Certes, quel- ques esprits bornés, égoïstes ou exaltés, pourront avoir la pensée coupable de s'abstenir, mais, sachez-le bien, les masses ne s'abs- tiennent jamais par calcul et de propos délibéré : elles ne s'abstien- nent que par indifférence.

Et puisque nous rencontrons sur notre chemin cette question de l'abstention, nous prétendons que celle-ci est cent fois plus à craindre avec le scrutin de liste qu'avec le scrutin d'arrondissement. Tous les hommes ayant été mêlés aux affaires publiques savent parfaitement que le chiffre des abstentionnistes, insignifiant ou à peu près dans les élections municipales, augmente déjà très-sensiblement dans les élections départementales, pour s'élever encore dans les élections législatives. La raison d'un semblable phénomène saute aux yeux. Dans les élections communales, particulièrement dans les campagnes, les bourgs ou les petites villes [1], les divers candidats sont connus de tous : les électeurs les moins éclairés, les plus nonchalants, se rendant un compte très-exact du but, du sens du scrutin, s'y intéressent d'autant plus par cela même.

Le rôle des conseils d'arrondissement et des conseils généraux devient déjà, au contraire, plus obscur pour beaucoup : à un plus grand nombre échappent l'importance et la signification du scrutin législatif, même en le supposant réduit à un seul nom par arrondissement ! Quant à ces listes départementales comprenant une douzaine de noms, elles sont pour les masses comme de nouveaux verres peints de la Lanterne magique du Singe ! Ah ! lorsque, comme en février 1871, une question nettement posée, claire pour tous, et pour tous d'une importance capitale, celle de paix ou de guerre, par exemple, dominera l'élection, alors vous aurez chance de voir marcher le gros des populations vers les urnes ; mais n'espérez rien de pareil dans des circonstances ordinaires ! Vos bulletins sont pour les quatre cinquièmes des électeurs autant d'inscriptions hiéroglyphiques : croyez qu'ils se lasseront promptement de ce jeu de colin-maillard, audacieusement qualifié par vous de droit de suffrage ; et que jetant au feu, les uns après les autres, les différents chiffons de papier qui leur seront présentés, ils vous donne

---

1. Dans les communes rurales, les bourgs et les petites villes, nous pensons que, pour les élections municipales, le scrutin de liste pur et simple est une nécessité. Dans les villes de trente mille à soixante mille âmes, le scrutin de liste par circonscriptions donnerait, croyons-nous, d'excellents résultats. Enfin, dans les cités dont la population dépasse soixante mille habitants, les inconvénients du scrutin de liste augmentent en raison directe de l'importance de l'agglomération, nous serions partisan du scrutin uninominal par *quartier*.

ront ainsi, d'une façon non équivoque, leur démission d'électeurs [1].

II

Pour se porter candidat dans un arrondissement, disent les partisans du scrutin de liste, il suffit de posséder une notoriété toute
locale; pour oser, au contraire, briguer les suffrages d'un département tout entier, une renommée plus vaste est nécessaire. Donc le
scrutin de liste garantit beaucoup mieux que le scrutin d'arrondissement la capacité des élus.

Le syllogisme, en effet, paraît sans réplique. Malheureusement,
l'expérience démontre qu'il suffit, sur une liste, d'une ou deux personnalités de quelque valeur pour faire passer derrière elles huit ou
dix nullités de la plus belle venue. Et Alphonse Karr a pu, avec
autant d'esprit que de vérité, comparer les listes départementales à
ces petits paniers de fruits, dans lesquels les marchands ont soin
de mettre deux ou trois beaux spécimens, pour passer à l'acheteur,
qui regarde et ne touche pas, le fretin, sinon la pourriture qui est
dessous.

Que le lecteur veuille bien nous laisser mettre sous ses yeux une
petite anecdote tirée des annales électorales de 1871, et que nous
ne sommes pas le premier à raconter. Dans un département qui n'a
jamais passé pour arriéré, les notabilités d'un de nos grands partis
politiques étaient réunies au chef-lieu pour arrêter leur liste. Il avait
été convenu tout d'abord, que, parmi les candidats choisis, un au
moins appartiendrait à chacun des différents arrondissements. Or,
tant bien que mal, voici ceux-ci pourvus successivement d'une repré-

---

1., En moins de deux ans, écrivait Lamartine en 1850, le scrutin de liste a dé-
goûté le pays de l'élection. (*Le Passé, le Présent et l'Avenir de la République.*)

sentation spéciale, à l'exception d'un cependant. Vainement on fouille
toutes les communes de ce pauvre arrondissement ; vainement on
demande à tous les échos une candidature acceptable : les échos
restent muets, on ne peut mettre la main sur personne. Sans doute,
l'arrondissement de X compte au nombre de ses enfants plusieurs
individualités distinguées : hélas ! leur couleur politique n'est pas du
goût de l'assemblée. Que faire ? Plusieurs membres de la réunion de
s'écrier déjà : Tant pis pour l'arrondissement de X ! mais la majorité
de répondre aussitôt qu'il serait fort déraisonnable de se mettre ainsi
à dos un arrondissement tout entier, que les honorables électeurs
de X n'ont rien fait pour mériter d'être traités en parias, et qu'il
faut absolument leur trouver, à eux aussi, un député.... « Puisque
que telle est votre volonté, hasarde un des assistants, il y aurait bien encore ce bon Z : Oh ! celui-là navigue complétement dans
nos eaux ; le malheur est seulement qu'il n'est pas très-fort ; ses
compatriotes l'ont trouvé insuffisant pour le Conseil général ; peut-
être nous trouvera-t-on hardis de vouloir en faire un député ! Sur
ma foi ! pourtant, je n'en vois pas d'autre : voyez !... Qu'à cela
ne tienne, répond en chœur toute la réunion, prenons Z pour en
finir, il aura chance de passer dans le tas !... » Et le nom de M. Z
est immédiatement inscrit sur la liste.... Au jour de l'élection, les
citoyens de l'arrondissement de X, édifiés depuis longtemps sur les
aptitudes politiques dudit Z, ne lui donnent bien entendu qu'un
très-petit nombre de voix ; au contraire, les électeurs des autres
arrondissements, qui ne le connaissent que fort peu, maintiennent
unanimement son nom sur la liste. M. Z est élu un des premiers ;
il passe dans le tas, comme l'ont espéré ses parrains.

De pareilles jongleries seraient-elles de mise dans les élections
d'arrondissement? Non, sans aucun doute. Dans une circonscription de quelques lieues carrées, chaque notable habite pour ainsi
dire la maison de verre du Sage, et du moment où la voix publique
désigne un compatriote pour la députation, c'est que celui-ci, par le
talent comme par le caractère, est digne de porter le manteau de
législateur.

Telle est donc la différence entre le scrutin d'arrondissement et le scrutin de liste. Le premier ouvre la carrière au plus méritant, le second ne favorise que la médiocrité. Le scrutin de liste, dit M. Éd. Laboulaye, « donne la majorité aux gens dont personne ne se soucie, et cela au préjudice des véritables candidats de chaque arrondisement[1]. » Il est encore de toute évidence, en effet, que dans le vote collectif, ceux-là ont les plus grandes chances d'être élus dont le nom figure sur plusieurs listes : or, nous avons vu, dans le paragraphe précédent, que les auteurs des listes dites de concilia-tion doivent toujours, volontairement ou non, rejeter tout d'abord, et dans chaque parti, les hommes qui par leur capacité ou leurs vertus portent ombrage aux fractions dissidentes.

Nos adversaires ont tort vraiment de prétendre tirer avantage de la magnifique réunion de talents de toute sorte qu'offrent l'Assem-blée législative de 1849 et l'Assemblée actuelle, toutes deux, on le sait, issues du scrutin de liste. Nous aurons occasion plus loin[2] de parler de ces deux imposantes manifestations du suffrage universel: pour le moment, nous nous bornerons à faire remarquer que l'une et l'autre Chambre ont vu le jour dans des circonstances par trop exceptionnelles pour qu'on puisse ainsi juger à l'œuvre le mode de suffrage qui a présidé à leur formation.

Il n'est pas plus juste de nous opposer la faiblesse du Corps législatif du second empire. A cette époque, les élections des dépu-tés avaient lieu, non par arrondissement, mais par circonscriptions arbitrairement déterminées, système complétement différent, et dont le but était précisément d'écarter les influences légitimes au profit

---

1. Projet de Constitution, art. 11 en note, Paris, 1848. M. Laboulaye vient de réunir en un volume ayant pour titre : *Questions constitutionnelles*, Paris, Charpen-tier, 1872, sa brochure sur la Constitution de 1848, son travail sur la *Révision* que nous citions il y a un instant et plusieurs autres opuscules. A chaque page de ce volume, éclatent de violentes invectives contre le scrutin de liste. Les journaux nous sont donc tombés des mains lorsque nous avons pris connaissance des votes du député de la Seine, au sein de la seconde Commission constitutionnelle. M. La-boulaye n'est pourtant pas de ces hommes résolus, suivant le mot de Tacite, à tout faire pour conquérir le pouvoir. Nous attendons de lui à la tribune une explication satisfaisante d'aussi étranges variations. Celles non moins subites de M. Thiers, sur le même sujet, ne suffiraient pas pour les justifier.

2. Voy. notre paragraphe VIII.

des créatures du pouvoir. M. de Morny avait un jour déclaré à l'empereur, lequel avait applaudi à cette belle sortie, que, selon lui, le Corps législatif ne devait être « qu'une sorte de grand conseil général. » Aussi dès qu'une illustration quelconque montrait la tête dans l'arène électorale, on voyait satrapes et sous-satrapes se ruer aussitôt et à l'envi sur l'imprudent lutteur et le terrasser *per fas et nefas*. Si donc des hommes supérieurs comme M. Thiers, comme M. Dufaure, comme tant d'autres, ont échoué dans plusieurs départements contre des nullités officielles, ces bévues des électeurs doivent être mises à la charge non du scrutin uninominal, mais d'une pression administrative sans exemple dans l'histoire !...

Nous ne croyons pas vouloir nuire à la France en émettant le vœu que les Chambres à venir ne fassent pas trop regretter les législatures de la Restauration[1] et de la monarchie de Juillet, nées les unes et les autres du vote par arrondissement.

III

Cependant, poursuivent les partisans du scrutin de liste, l'intérêt local joue un rôle considérable dans vos élections d'arrondissement. Nous assistons souvent à des luttes de clocher. N'est-il pas à craindre que l'intérêt général, ainsi rejeté au second plan, ne soit représenté dans la Chambre que d'une manière insuffisante ?

Voici notre réponse : nos contradicteurs savent l'histoire aussi bien que nous. Or, en est-il un parmi eux qui soit prêt à soutenir que le scrutin d'arrondissement ait jamais envoyé au Parlement des célébrités de village ? Encore une fois, dans quel pays, à quelle

---

1. Louis XVIII en 1814 établit le scrutin d'arrondissement; en 1815 et en 1817 on s'écarta de ce système, auquel on revint en 1820 avec l'adjonction du *privilége de double vote.*

époque, la tribune a-t-elle été plus brillamment occupée que de
1820 à 1848 ? Dans quel pays, à quelle époque les plus importantes
questions politiques, administratives, financières, ont-elles été traitées avec plus d'éclat et d'autorité ?

On outrage le sens commun en soutenant que, parce que des hommes aiment à passer au moins une partie de leur vie au milieu de
leurs concitoyens, à étudier les besoins de la contrée, à s'occuper
avec zèle des questions d'intérêt local, ces mêmes hommes sont, par
cela seul, moins ferrés sur les matières de politique générale que tel
aventurier bloqué par ordre d'un comité parisien sur la liste d'un
département où personne ne le connaît ! Chez les âmes bien nées,
l'amour de la petite patrie double, comme on l'a fort bien dit, celu
de la grande. C'est dans les sillons du champ paternel, à l'ombre du
toit et du tombeau des ancêtres qu'éclôt et puise sans cesse une nouvelle force le sentiment patriotique.

> En unquam patrios longo post tempore fines
> Pauperis et tuguri congestum cespite culmen,
> Post aliquot, mea regna videns mirabor aristas !

s'écrie l'exilé de Virgile. C'est l'attachement au sol qui fait le citoyen, comme c'est l'amour du drapeau qui fait le soldat. Or, on
est soldat de tel ou tel régiment, avant d'être soldat de l'armée nationale. Presser sur son cœur dans une seule étreinte les quatre-vingt-
neuf départements de la France, c'est faire du patriotisme en paroles ou sur le papier; mais la foi n'est rien sans les œuvres ! L'é-
goïsme et le cosmopolitisme sont frères : les extrêmes se touchent !

Toutefois, ajoutez-vous, en admettant même que le scrutin d'arrondissement soit capable de donner des hommes politiques dignes
de ce nom, il n'en demeure pas moins incontestable que si c'est l'intérêt local qui fait l'élection, l'intérêt général sera représenté brillamment peut-être, mais un peu au hasard. Le député, en effet, sera nommé
non parce qu'il est conservateur ou progressiste, autoritaire ou libéral, non parce qu'il propose de donner telle direction à la politique
intérieure ou extérieure, mais parce que son opinion est acquise à cer-

tain tracé de canal ou de chemin de fer! Voilà encore, qu'on nous permette de le dire, un tableau de'pure fantaisie. L'intérêt local, dans le système, objet de nos préférences, ne décide pas une fois sur cinquante du sort de l'élection. On calomnie indignement les électeurs d'arrondissement en les représentant ainsi comme indifférents aux grands intérêts de la patrie! Nous prétendons, au contraire, qu'ils se préoccupent beaucoup plus de ces grands intérêts que les électeurs au scrutin de liste; et cela par une raison bien simple, c'est que les premiers peuvent saisir le sens de l'élection, lequel, au contraire, échappe presque toujours aux seconds!....

Si d'ailleurs, ce qui, je le répète, arrivera très-rarement, une question locale d'un intérêt majeur pour tel arrondissement se trouve être·pendante au moment de l'élection, est-ce que, dans les limites dudit arrondissement, bien entendu, cette question locale exercera sur l'issue de la lutte une influence moins prépondérante dans l'hypothèse du scrutin de liste, que dans celle du scrutin individuel? Nullement! Les électeurs, nous l'avons vu, connaissent toujours un ou deux noms au moins sur les différentes listes : ils déposeront purement et simplemement dans l'urne l'une ou l'autre de ces listes, suivant l'opinion qu'auront manifestée, au sujet du chemin de fer ou du canal qui les empêche de dormir, les candidats de leur connaissance : de telle sorte que, avec le scrutin d'arrondissement les passions locales, quelque surexcitées, quelque exclusives qu'elles soient, ne peuvent jamais faire passer qu'un candidat, tandis qu'avec le scrutin de liste, elles décideront parfois et d'un seul coup le triomphe de neuf députés, sans que les considérations politiques y soient pour rien.

Voilà comment le scrutin de liste réduit à l'impuissance l'égoïsme de clocher et assure nécessairement la bonne représentation de l'intérêt général. Ses défenseurs, en vérité, feront bien de cesser de rompre contre le patriotisme local des lances qui se brisent dans leurs mains et ne blessent qu'eux-mêmes. Le patriotisme local est une vertu, non un travers. Ce n'est jamais lui qui avilira la représentation nationale, et il n'a d'autre inconvénient que de barrer le chemin à ces candidatures exotiques, improvisées au fond de quelque estaminet borgne de la capitale et acclamées sur le billard, ce pavois des leudes de la Révolution !...

On nous parle de l'urgente nécessité de créer en France de « grands courants politiques » qui sillonneraient le pays d'un bout à l'autre, et balayeraient comme autant de brins de paille les considérations de personne et de clocher. Notre humble avis est, tout au contraire, que les dissidences politiques sont déjà, hélas ! beaucoup trop accentuées dans notre malheureuse patrie; que ce sont nos divisions intérieures qui toujours ont été la cause première de nos désastres, et que, par conséquent, loin d'encourager les grandes luttes politiques, les hommes d'ordre doivent unir leurs efforts pour les conjurer, autant que cela est possible... Où nos adversaires découvrent un avantage du scrutin de liste, nous n'apercevons donc qu'un des périls les plus certains de ce mode de suffrage. Le scrutin de liste, en effet, parque dans trois ou quatre vastes camps ennemis les citoyens d'un même État; et ces grands courants politiques dont vous souhaitez le développement ne pourraient tarder à aboutir à un conflit armé des factions rivales ! Vous donnez cent fois raison à Lamartine qui appelle le scrutin de liste « un scrutin de guerre civile »; or, rappelez-vous la parole de l'Évangéliste confirmée par l'histoire de tous les temps et de tous les peuples : « Tout empire divisé contre lui-même périra !... » J'ajoute que, dans les circonstances présentes, cette mêlée universelle, cette effroyable bataille des partis, présenterait un caractère particulièrement odieux. Quoi ! la France est là, mutilée, couchée dans la poussière rougie de son sang : sentant qu'elle n'a pas trop du concours de tous ses enfants pour parvenir à se relever, elle les appelle, elle les adjure de cesser, ne fût-ce que pour quelques années, leurs dissensions bientôt séculaires, elle leur adresse à tous la prière du vieil Anchise :

> Ne, pueri, ne tanta animis adsuescite bella;
> Neu patriæ validas in viscera vertite vires !

Comme le grand Alighieri, sur les dalles du cloître de Fonte-

Avellana, affaissée sous le poids de ses infortunes, elle aussi n'a qu'un cri : la paix ! la paix !..: Et c'est un pareil moment que vous proposez de choisir pour la déchirer de plus belle? Voilà de la démence!... Ah! ce ne sont pas de grands courants d'effervescence politique qu'il faut chercher à entretenir sur ce sol à la fois bouleversé et épuisé par seize révolutions accomplies en quatre-vingts ans; mais tout au contraire de grands courants de conciliation et d'apaisement!... Le scrutin individuel, lui, rend beaucoup moins redoutable le choc des partis en maintenant leurs forces disséminées sur un plus grand nombre de points : d'autre part, les électeurs, ainsi conviés à voter pour des hommes qu'ils connaissent de vieille date, se préoccupent moins de la couleur du drapeau que des titres de celui qui le porte : les divergences politiques s'effacent devant les mérites du citoyen qui reçoit mandat de représenter à la Chambre non les rêves ou les rancunes d'un parti, mais les intérêts de la patrie française!... Aujourd'hui plus que jamais, le scrutin d'arrondissement est donc l'unique combinaison qui, en contenant les factions, puisse permettre d'espérer des élections avant tout nationales.

D'ailleurs, à ce défaut, déjà très-sérieux, de déchaîner ainsi les partis les uns sur les autres, le scrutin de liste joint encore un vice capital qui devrait suffire à lui seul pour faire abandonner un pareil système. Le mode de votation que nous combattons ne tend, en effet, à rien moins qu'à supprimer la responsabilité du député, c'est-à-dire à enlever au gouvernement représentatif son unique raison d'être. D'abord un pareil résultat est hors de doute pour ces noms extradépartementaux envoyés de Paris par le télégraphe, inscrits sur les listes avec force coups de grosse caisse dans les clubs, dans les journaux, et élus *à tâtons* au milieu de quelques notabilités de la contrée. Ces intrus se soucient de l'appréciation de leurs électeurs sur leurs faits et gestes comme de l'an quarante : ils ne représentent qu'eux-mêmes, et n'ont d'autre règle de conduite que leur intérêt, leur ambition ou leurs passions!... Maintenant, les députés les mieux posés dans le département encourent-

2

ils une responsabilité plus sérieuse ? Non. Dans l'élection par arrondissement, les populations ont *leur député* : rien de plus facile pour elles que de savoir comment celui-ci a voté dans telle discussion importante : elles peuvent, en s'entourant des lumières des hommes les plus instruits du voisinage, arriver à savoir s'il mérite des félicitations ou des reproches ; si, lors de l'expiration de son mandat, on devra ou non le lui renouveler. Mais supposez un département envoyant à la Chambre une dizaine de représentants : ces dix représentants, dans les différentes questions sur lesquelles ils auront à se prononcer, émettront rarement le même suffrage. Les uns voteront blanc, les autres bleu, d'autres s'abstiendront.... Comment voulez-vous qu'après trois, quatre, cinq ans, nos ouvriers, nos paysans, nos petits bourgeois même, c'est-à-dire les quatre-vingt-dix-neuf centièmes du corps électoral, puissent se rappeler les innombrables votes de chacun de ces dix députés ? Autant leur demander d'énumérer les incarnations de Vichnou ! Ces malheureux voteront donc la seconde fois comme, du reste, la première : au hasard et sans savoir ce qu'ils font. Jean-Jacques Rousseau a dit que le peuple anglais « n'était libre que le jour des élections au Parlement. » Rien n'est plus faux ! Au delà de la Manche, comme dans tous les pays constitutionnels, l'opinion publique règne en souveraine : et en fait le député, nommé au scrutin individuel, répond chaque jour de chacun de ses votes devant ses mandants. Seul, le scrutin de liste donnerait raison à Rousseau : bien plus, la masse du peuple ns serait même pas libre le jour des élections, car il ne peut y avoir de liberté là où il n'y a pas de discernement ! Si la majorité de l'Assemblée nationale nous dotait du scrutin de liste, le gouvernement représentatif ne serait bientôt plus chez nous qu'une illusion, un flagrant mensonge : le pays assisterait d'abord avec indifférence, bientôt avec dégoût aux débats d'un parlement ainsi tiré au sort ; et comprenant d'instinct que le gouvernement direct de l'Agora ou du Forum n'est pas possible dans nos grands États modernes, il tournerait ses regards vers la dictature.... L'empire ! aujourd'hui comme en 1849, voilà le dernier mot du scrutin de liste !... Pour la troisième fois, la République ne serait que le marchepied du trône impérial, *scabellum pedum Napoleonis!...*

IV

A entendre nos contradicteurs, la corruption électorale, *sous ses formes raffinées ou grossières*, très-difficile pour ne pas dire impossible à pratiquer dans l'élection au scrutin de liste, serait toujours, au contraire, fort à craindre dans l'élection par arrondissement. Voilà, dit-on, un agioteur heureux, un homme qui a réussi quelques coups de bourse, et qui désire arriver à la députation, moins pour servir la patrie que pour entrer par la politique dans les grandes affaires et augmenter encore sa fortune. Cet homme s'abat sur un de nos arrondissements les moins riches : il répand d'abondantes largesses, des promesses plus merveilleuses encore. Que pourront tenter contre ce nouveau Crésus les situations les plus solidement assises dans le pays ?...

De cette hypothèse, fort habilement présentée, nous en appellerons aux faits. S'il est un régime qui ait été l'âge d'or des jeux de bourse, c'est assurément le second empire ; eh bien, pour composer les quatre législatures de ce gouvernement, plus de douze cents élections (en comptant les élections partielles) ont eu lieu : parmi ces douze cents élections, trois seulement ont été signalées comme entachées de corruption[1]. Voici, croyons-nous un argument sans réplique ! Ajoutons que ce complet abandon des manœuvres corruptrices s'explique tout naturellement. Au milieu, en effet, des mille dangers du suffrage universel, dangers que nous sommes des derniers à méconnaître, si ce droit de vote, ainsi étendu à tous, présente quelque avantage, c'est précisément celui de faire descendre

---

1. Ce qui n'empêche pas la *République française* d'affirmer ces jours derniers que le scrutin individuel *met l'élection aux enchères!* Évidemment, une aussi belle découverte ne pouvait être faite que par les hommes qui, sous la dictature gambettiste, voyaient des victoires là où il n'y avait que des échecs.

dans l'arène électorale des bataillons trop nombreux pour que la corruption individuelle puisse donner de sérieux résultats. Il n'y a pas
à en douter, la seule forme de corruption électorale dont on ait à
se préoccuper aujourd'hui, en France, est la corruption collective,
c'est-à-dire celle qui s'attaque à des populations tout entières, par
exemple en donnant ou promettant de donner satisfaction à quelque grand intérêt régional. Or, j'affirme que ce dernier mode de
corruption est plus à redouter dans l'élection départementale que
dans l'élection par arrondissement. Nos adversaires, en effet, ne
sauraient le contester, ces agioteurs dont ils évoquent devant nous
le spectre plus ou moins terrible, auront évidemment aussitôt fait
de couvrir de leurs agents un département qu'un arrondissement, de
fonder ou d'acheter un journal au chef-lieu qu'à la sous-préfecture.
Mais voici où la situation deviendra différente : dans l'élection par
arrondissement, les citoyens ayant l'habitude de ne donner leur suffrage qu'à un candidat qu'ils connaissent, tiendront certainement à
conférer avec le nouveau venu, a le voir au moins ; or, c'est là une
particularité qu'il m'a été donné d'observer, non pas une fois,
mais cent, les paysans possèdent un flair prodigieux pour distinguer, à première vue, un honnête homme d'un aventurier. Ensuite
les électeurs connaîtront parfaitement la topographie, les besoins,
les ressources de leur arrondissement ; ils pourront juger sur-le-
champ du caractère plus ou moins sérieux des projets du candidat.
Vainement, journaux et courtiers affirmeront chaque jour que rien
n'est impossible au tout-puissant financier : les indigènes croiront
leurs yeux plus que tout le reste.... Dans l'élection par département, au contraire, les électeurs sont accoutumés à voter pour des
candidats dont ils entendent prononcer le nom pour la première
fois ; ce n'est plus le choix libre et éclairé du citoyen, ce sont les
feuilles publiques, les comités, les agents électoraux qui disposent .
du scrutin. Sur un pareil tapis vert notre boursier aura vraiment
tous les atouts dans son jeu ; le poëte l'a dit : la Renommée
ne-cesse de tout grandir dans sa course : *vires adquirit eundo !*
Les courtiers donneront libre carrière à leur imagination, à leur
faconde : ils renchériront les uns sur les autres. Le *Monsieur arrivé*

de Paris ne sera plus un simple Crésus : on en fera un être surnaturel, une sorte de providence descendue sur la contrée. Les canaux les plus impossibles seront creusés en quelques mois. Déjà on croira entendre siffler la locomotive sur les chemins de fer les plus fantastiques. Le moyen, s'il vous plaît, pour de pauvres villageois ne connaissant qu'un petit coin du département, de vérifier si ce sont là desseins sérieux ou plaisanteries coupables? Non ! en vérité, il n'est pas de conte si absurde qui ne puisse trouver créance dans une élection départementale. Tacite a dit, il y aura tantôt deux mille ans : *Major e longinquo reverentia, et omne ignotum pro magnifico* [1]!...

V

Serait-il vrai que le scrutin de liste se prêtât mieux que le scrutin uninominal à la formation d'une grande majorité de gouvernement ? Ici, tout d'abord, nous prenons nos antagonistes en flagrant délit de contradiction avec eux-mêmes. Si, en effet, comme ils l'affirmaient il y a un instant, le scrutin de liste permet aux différents groupes conservateurs de se faire à chacun sa part sur un même bulletin, il est clair comme le jour que du dépouillement de ces bulletins de conciliation ne pourra sortir qu'une Chambre aussi bigarrée que l'habit d'Arlequin. Si, au contraire, le même scrutin de liste prépare l'avénement d'une majorité compacte, c'est donc que ces fameuses transactions dont on fait tant de bruit ne devraient s'opérer que dans le cerveau de nos adversaires. Nous sommes évidemment en présence de deux avantages qui s'excluent !

---

1. On ne manquera pas d'objecter que le scrutin de liste ne permet pas de tenter solitairement l'aventure électorale, et que, par conséquent, notre boursier devra embaucher tout d'abord une demi-douzaine de complices, neuf parfois.... — Et quand même il lui en faudrait vingt! Est-ce que dans n'importe quel département il serait embarrassé de trouver des ambitieux ou des manieurs d'argent pour lui faire escorte?... Plût à Dieu qu'en plus d'un endroit des hommes honorables, bien posés dans le pays, ne vinssent pas se ranger sous sa bannière !...

On a vu plus haut ce qu'il faut penser de la vertu conciliatrice du scrutin de liste. Est-ce à dire, que ce mode de suffrage assure des majorités imposantes ? Nullement, et, le lecteur va en juger, cette nouvelle prétention des partisans du vote collectif est aussi téméraire que les précédentes.

Nous sommes bien loin, quant à nous, de présenter le scrutin d'arrondissement comme engendrant nécessairement une Chambre homogène. Hélas ! une Assemblée sans divisions ne serait pas la représentation de la France. Ce que nous soutenons simplement, c'est qu'on est mieux fondé à espérer une forte majorité du vote unino-minal d'arrondissement, que du scrutin de liste départemental.

D'abord, dans une élection de département et avec l'état de division des esprits en France, les listes sont toujours nombreuses. Non-seulement aucune ne triomphe jamais tout entière, mais il arrive fort souvent que plusieurs listes font passer un nombre à peu près égal de candidats. Nous ne savons quels résultats produirait l'irruption des *grands courants politiques* dont on nous menace ; mais pour le moment, nous sommes dans la vérité des faits. L'unité du vote départemental, dans l'élection collective, ce grand argument qu'on nous oppose, n'est donc qu'une illusion ; bien plus, si nous prenons, par exemple, un département composé de six arrondissements et devant nommer également au scrutin de liste six députés, les six députés élus au scrutin d'arrondissement seront presque toujours moins divisés d'opinion que les six vainqueurs du scrutin de liste.

Pourquoi en sera-t-il ainsi ? Parce que dans un pays il existe toujours une majorité. Sans doute celle-ci se déplace plus ou moins fréquemment au gré des circonstances et suivant la mobilité du caractère national ; mais qu'elle oscille à droite ou à gauche, elle demeure sans cesse. Le scrutin de liste qui livre l'élection à la passion, au hasard, peut, par cela même, donner le jour à une Chambre multicolore[1]. Au contraire, le scrutin d'arrondissement où le

---

1. Le feu lord Derby appelait le plébiscite « un saut dans les ténèbres ». Le mot est encore beaucoup plus exact appliqué aux élections générales par scrutin de liste. Dans le plébiscite, en effet, celui qui pose la question est à peu près sûr de la ré-

suffrage est éclairé et libre, où le citoyen fait ce qu'il veut, sait ce qu'il fait, doit faire entrer à l'Assemblée la majorité qui est dans le pays. Il est vrai, cette majorité nationale n'est pas également puissante partout; mais si les minorités sont maîtresses du terrain [1], sur quelques points du territoire, il n'en reste pas moins à peu près certain que, dans les trois quarts des arrondissements, ce sera l'opinion générale qui dominera toujours et fera l'élection. Loin donc de nuire à la formation d'une majorité gouvernementale, le scrutin d'arrondissement semble promettre une majorité solide sans exclure une opposition indispensable : prétendre au contraire pénétrer d'avance les résultats d'élections au scrutin de liste, c'est vouloir voir clair dans les ténèbres, c'est chercher l'ordre dans le chaos !

Si, d'ailleurs, nous laissons de côté l'argumentation théorique pour en appeler à l'expérience, laquelle en politique vaut au moins les meilleures raisons, nous constatons que sous la Restauration, sous la monarchie de Juillet, le vote uninominal a toujours fait sortir des urnes un parti ministériel formidable; tandis que les Assemblées, issues du scrutin de liste, n'ont pu fournir que des majorités de coalition. L'Assemblée la plus divisée d'opinion qu'ait eue la France est certainement la Législative de 1849. Et dans l'Assemblée actuelle, est-ce que les ministres du maréchal de Mac-Mahon, comme précédemment ceux de M. Thiers, ne suent pas chaque jour sang et eau pour maintenir une majorité de Gouvernement ? La Constituante de 1848, il est vrai, était plus homogène; mais, outre que la plupart de MM. les Commissaires départementaux avaient inscrit eux-mêmes, et sans vergogne, leur nom en tête des listes républicaines, la France, c'est un fait à noter, au lendemain de ses folles révolutions, trouvant toujours excellent ce qui est nouveau, accorde, comme une sorte de don de joyeux avénement, la presque unanimité

---

ponse, tandis que pour avoir des chances sérieuses d'obtenir du scrutin de liste une forte majorité, il faut supposer une de ces situations extraordinaires où, du nord au sud et de l'est à l'ouest, la nation n'a qu'une pensée unique. Or, un pareil mouvement d'opinion se produit trois ou quatre fois par siècle.

1. Ce qui prouve, soit dit en passant, que le scrutin d'arrondissement n'enlève pas toute représentation aux minorités.

de ses suffrages au Gouvernement s'adressant à elle pour la première fois. Et puis ne manque jamais d'apparaître la cohue des Jérôme Patureau lesquels se tournent toujours du côté où le soleil se lève pour déposer leur vote, comme les musulmans pour faire leur prière!

VI

Il est un point, dans l'important débat qui nous occupe, où nous sommes très-heureux de nous rencontrer avec l'esprit élevé, le conservateur éminent dont le nom a déjà été cité par nous dans le cours de ce travail. M. Hilaire de Lacombe[1] déclare que tout Gouvernement a non-seulement le droit mais le devoir d'indiquer aux populations, dans la lutte électorale, le nom du candidat dont il souhaite le succès. L'inaction de l'administration, à une heure aussi décisive, dit l'honorable écrivain, « pourrait aller jusqu'à constituer une trahison envers le pays ! » Nous partageons pleinement cette manière de voir. Que les bons citoyens ne se laissent pas effrayer par ce gros mot de « candidatures officielles ! » Les candidatures officielles ne sont pas blâmables en elles-mêmes : ce qui est blâmable, ce sont certains moyens employés sous tel régime pour assurer leur triomphe. « Les candidatures officielles, s'écriait M. Thiers dans la séance du Corps législatif du 14 janvier 1864, les candidatures officielles, je vous les accorde, *mais sous certaines conditions....* Dans tout pays libre, qu'est-ce qu'un Gouvernement? Une opinion arrivée au pouvoir. Si cette opinion, en arrivant au pouvoir, n'a pas perdu le droit inhérent à toutes les opinions de se faire valoir et de se défendre, elle a, d'un autre côté, contracté des devoirs.... Ces devoirs consistent à ne pas abuser des moyens que

1. Loc. sup. cit.

la possession du pouvoir met entre ses mains pour faire prévaloir ses préférences dans la lutte électorale. Oh! que le Gouvernement *avoue ses préférences,* qu'il les soutienne, je n'ai pas d'objection; mais qu'il se garde d'abuser des moyens qui ont été mis dans ses mains et d'employer pour le triomphe d'une opinion ce qui lui a été donné pour le service public [1]. »

Ces sages paroles de M. Thiers nous paraissent établir clairement le droit incontestable pour le pouvoir d'intervenir dans les élections, en même temps qu'elles tracent d'une manière précise les limites que ne doit point franchir cette intervention. Que l'administration donc, s'adressant aux électeurs, leur dise : Le seul candidat qni ait notre confiance est M. X, rien de mieux! mais aussi, qu'elle laisse M. Y, M. Z, compétiteurs de M. X, défendre et propager leur candidature avec la plus absolue liberté, sous l'unique réserve du respect des lois! Voilà la bonne et véritable règle de conduite en la matière. Demander, en effet, à un Gouvernement de rester spectateur indifférent d'un scrutin où va se décider le sort de la nation, ce serait dire à un général d'armée : Vous aurez le commandement de ces troupes tant que la paix sera maintenue; mais, le jour de la bataille, vous vous retirerez sous votre tente et vous y tiendrez coi, sans vous occuper de ce qui se passe.

Dans un pays comme l'Angleterre, où l'ordre et la liberté ont scellé, depuis deux siècles, un pacte d'alliance indissoluble; où le gouvernement établi est depuis le même temps hors de discussion, la neutralité de l'administration, dans les élections, ne saurait faire courir le moindre danger à la tranquillité publique. Que ce soient les libéraux conservateurs qui triomphent, ou que la victoire reste aux conservateurs libéraux, le même respect inviolable ne cesse de protéger la constitution, la *Paix de la Reine* ne cesse de répandre ses bienfaits sur les Trois Royaumes. On n'a pas oublié la récente attitude de la Chambre des communes devant la misérable échauffourée républicaine de MM. Dilke et Fawcett. Wighs et Tories, refusant de faire à ces deux humouristiques l'honneur d'une réponse,

---

1. *Moniteur universel* du 15 janvier 1864.

aimèrent mieux les obliger à se taire en couvrant leurs voix par des cris imités de divers animaux.... Nous comprendrions encore, à la rigueur, que le pouvoir exécutif s'en remît au patriotisme et à l'intelligence des électeurs dans un Etat où le droit de suffrage est très-restreint.... Mais contester à l'autorité le droit de désigner ses candidats dans un pays où, pour être électeur, il suffit de se donner la peine de naître, dans un pays de suffrage universel, c'est montrer bien peu d'intelligence politique ou bien peu de bonne foi. J'ajoute qu'en présence d'une constitution de fraîche date, et dans une situation aussi compliquée que celle où se débat la France en ce moment, la manifestation des préférences gouvernementales devient la condition nécessaire de la liberté, de la sincérité du scrutin. Est-ce qu'en effet, aux prochaines élections législatives, à l'exception des membres de l'extrême droite, dont l'aveuglement politique n'a d'égale que l'irréprochable loyauté, est-ce qu'aux prochaines élections les candidats de toute opinion ne se présenteront pas aux populations comme des partisans zélés du maréchal?... Mais les bonapartistes et les radicaux se diront les plus mac-mahoniens de tous !... Or, comment voulez-vous que le laboureur, courbé sur le sillon d'un soleil à l'autre, que l'ouvrier, penché sur son métier de l'aurore au crépuscule, puisse démêler quelque chose à un pareil imbroglio?... L'abstention du gouvernement, dans la crise suprême que la France va traverser, serait un véritable crime de lèse-nation, une capitulation honteuse devant les factions qui déchirent la patrie !...

D'après M. de Lacombe, toutefois, le scrutin de liste servirait mieux que le scrutin d'arrondissement cette action légitime et nécessaire de l'administration dans les élections. — De tous les arguments produits pour la défense du système que nous combattons, celui-là nous semble être incontestablement le plus.... hardi !... Il n'est que juste cependant de faire remarquer que l'article de M. de Lacombe était écrit avant la chute du ministère présidé par M. le duc de Broglie, c'est-à-dire à un moment où la majorité du 24 mai 1873 était encore intacte. L'unique raison, en effet, donnée par notre contradicteur, est une raison de pure circonstance. La

majorité du 24 mai, dit-il, comprend des légitimistes, des bonapartistes, des conservateurs libéraux : dans l'hypothèse du scrutin
d'arrondissement, le gouvernement, en manifestant ses préférences
pour le candidat de l'un de ces trois groupes, se brouillera inévita-
blement avec les deux autres ; le scrutin de liste, au contraire, lui
permettra de contenter tout le monde. Il y aurait beaucoup à dire
contre cette façon d'envisager les choses. Nous n'insisterons pas,
la situation politique étant maintenant changée de tout point. Depuis le jour où M. le duc de Broglie est noblement tombé pour avoir
essayé de donner à la France un gouvernement défini et appuyé
exclusivement sur le parti conservateur, les trois groupes ci-dessus
dénommés ont été loin de soutenir l'administration du maréchal
avec un égal dévouement et une égale persévérance. L'extrême
droite a fait plus d'une fois défection ; les bonapartistes, dans
toutes les occasions importantes, n'ont cessé de voter avec les opposants. D'un autre côté, un certain nombre de membres du centre
gauche sont venus reprendre leur place autour du drapeau qu'ils
n'auraient jamais dû quitter. Le pouvoir n'a donc plus devant lui,
d'une part, qu'une majorité constitutionnelle, commençant près de
l'extrême droite pour s'étendre jusqu'aux deux tiers du centre gauche, et, d'autre part, les quatre minorités, extrême droite, bonapartiste, thiériste, radicale : il ne saurait être embarrassé pour indiquer
ses préférences et reconnaître les siens !...

Nous élevant maintenant au-dessus des considérations spéciales
à l'heure présente, nous prétendons qu'il serait plus que téméraire
de soutenir, en thèse générale, que le scrutin de liste donne plus de
force à l'action du gouvernement, dans les élections, que le scrutin
uninominal d'arrondissement. C'est un axiome en mécanique que
l'action est d'autant plus puissante que le centre d'impulsion est
plus rapproché. Dans l'élection au scrutin individuel où sera le centre d'impulsion ? Au chef-lieu d'arrondissement, d'où il n'aura qu'à
imprimer le mouvement à une centaine de communes, tandis que,
transporté au chef-lieu du département, pour l'élection au scrutin
de liste, il devra émietter sa puissance sur six cents municipali-
tés. De plus, dans le premier cas, la désignation gouvernementale ne

portera que sur un seul nom ; dans le second, elle pourra en comprendre neuf. Or, un fonctionnaire de l'administration aura un tout autre ascendant sur les populations, quand il leur demandera de voter pour un concitoyen entouré de leur estime et de leurs sympathies, que lorsqu'il viendra leur proposer de porter leur suffrage sur une liste de neuf candidats dont sept ou huit leur seront inconnus ! M. Thiers qui juge hommes et choses avec une si prodigieuse sagacité, toutes les fois que l'ambition ne lui met pas un bandeau sur les yeux, M. Thiers, dans les lois constitutionnelles par lui présentées à l'Assemblée en 1873, se prononçait résolûment pour le scrutin d'arrondissement. L'*Exposé des motifs* de M. Dufaure allait même jusqu'à déclarer que, si la Chambre croyait devoir adopter un autre mode de suffrage, le Gouvernement « regarderait comme sérieusement compromis le succès de l'œuvre de réorganisation politique qui lui avait été confiée[1]. » Questionné il y a quelques semaines par un de ses nouveaux amis de la gauche, au sujet de sa conversion si rapide et si bruyante à la cause du scrutin de liste, le même M. Thiers répondit sans le moindre embarras : « Le scrutin d'arrondissement, mon cher collègue, est préférable lorsqu'on veut conserver le pouvoir ; le scrutin de liste vaut mieux quand on cherche à le conquérir. » Si le scrutin de liste servait mieux que le scrutin individuel l'action de l'administration dans la lutte électorale, l'ancien président de la République tiendrait-il un pareil langage ?

VII

Il serait temps aussi vraiment de ne plus invoquer en faveur de l'élection par département l'autorité de Lainé, de de Serre, de Royer-Collard, et de cesser de nous opposer les discours prononcés

1. *Journal officiel* du 20 mai 1873.

par ces hommes illustres dans la discussion des lois électorales de
1817 et de 1820. A cette époque, en effet, la France comptait à peine
quatre-vingt-dix mille électeurs : elle en compte aujourd'hui près
de dix millions! Dans un ouvrage publié en 1847, un homme d'un
libéralisme éprouvé, M. Duvergier de Hauranne, croyait déjà devoir
se prononcer contre le scrutin de liste, à cause de l'augmentation du
nombre des électeurs, porté alors à deux cent quarante mille. La
Restauration, dit-il, arrivait, non sans difficulté, à réunir au chef-
lieu du département deux ou trois mille électeurs : aujourd'hui, nous
devrions y convoquer depuis quatre jusqu'à dix mille votants[1]. Exa-
minant ensuite le système du vote par scrutin de liste *au chef-lieu
de canton*, système proposé dès 1817 à la Chambre des députés et
que nous avons vu depuis fonctionner en 1848, 1849 et 1871, l'é-
minent publiciste s'exprime ainsi : «L'avantage du vote au chef-
lieu de département, c'est le rapprochement des électeurs dans un
grand centre de population et de richesse : c'est le mouvement que
ce rapprochement produit et l'enseignement qu'on y puise : avec le
vote au chef-lieu de canton, le rapprochement des électeurs est sup
primé. Il faudra donc que, sans réunion qui les mette en rapport,
sans assemblée préparatoire qui les éclaire, les électeurs viennent,
au sortir de leurs maisons, écrire huit, dix et jusqu'à douze noms.
*Peut-on imaginer quelque chose de moins raisonnable, quelque chose qui
ôte davantage à l'élection tout sérieux et toute réalité?....* » Au temps
où M. Duvergier de Hauranne émettait sur l'élection au scrutin de
liste ce jugement sévère, les apôtres de la réforme la plus radicale
ne réclamaient que l'abaissement du cens et l'adjonction des *capa-
cités.* Nul ne pensait à décréter le suffrage universel ; et on eût certainement excité l'indignation des députés de la gauche la plus
extrême, si on eût affirmé devant eux qu'une année plus tard, plusieurs millions d'électeurs ne seraient même plus obligés d'écrire
sur leur bulletin les noms des douze candidats de leur choix, mais
n'auraient qu'à déposer dans les urnes des listes imprimées dont
beaucoup ne pourraient prendre lecture !...

1. *De la Réforme parlementaire et de la Réforme électorale*, ch. v.

VIII

Nous ne saurions dissimuler le regret que nous a fait éprouver l'introduction, au cours de la grave discussion à laquelle nous nous livrons, d'un argument vraiment bien peu digne d'y figurer. On a cherché à établir que, dans tel département, le scrutin de liste serait plus favorable aux conservateurs que le scrutin uninominal ; on a prétendu aussi que quelques arrondissements étaient gagnés à la cause bonapartiste. Ce sont là raisons misérables et dont le développement ferait sourire, s'il n'autorisait les ennemis des institutions parlementaires à rééditer cette vieille calomnie, savoir : qu'au moment de voter pour l'un ou l'autre mode de suffrage, nos représentants considéreront moins les avantages et les inconvénients de chaque système par rapport à l'intérêt général que par rapport à leurs chances particulières de réélection : calomnie d'autant plus odieuse que la majorité de l'Assemblée actuelle a sacrifié vingt fois sa popularité au bien du pays.

Il n'y aura jamais qu'une devise pour les hommes appelés à partager une part du pouvoir : « *Fais ce que dois, advienne que pourra !* » Le législateur doit toujours se décider d'après le mérite propre des institutions, jamais sur les résultats plus ou moins probables qu'elles peuvent produire.

Qui dit *élection* entend par là un choix libre, c'est-à-dire éclairé. On a lu au frontispice de ce travail ces paroles de M. Guizot : En matière d'élection, le principe fondamental, c'est que l'électeur *fasse ce qu'il veut* et *sache ce qu'il fait.* Dans un pays de suffrage universel, le scrutin de liste satisfait-il à cette double condition pour ce qui regarde le plus grand nombre des électeurs ? Écoutons le feu duc de Broglie, une des gloires de la science et de la liberté :

« Le scrutin de liste, vrai guet-apens, mensonge effronté de la

part des uns, sotte duperie de la part des autres ! Demandez à
des électeurs ignorants, à des électeurs illettrés, c'est-à-dire, sous le
régime du suffrage universel, à la très-grande masse des électeurs,
de se choisir simultanément vingt ou trente représentants, ils voteront en aveugles[1]. Le premier intrigant venu, le moindre courtier
d'élections fera voter la plupart des électeurs comme il lui plaira.
Qu'il ait simplement la précaution de placer sur le bulletin qu'il
offre à chaque électeur un nom, un seul nom, qui convienne à
celui-ci : l'électeur ne lui en demandera pas davantage : *c'est le vrai
moyen d'arriver à ce résultat* QUE LES NEUF DIXIÈMES DES ÉLECTIONS
S'OPÈRENT CONTRE LE GRÉ DES NEUF-DIXIÈMES DES ÉLECTEURS, *contre le
vœu qu'ils auraient exprimé* S'ILS AVAIENT SU CE QU'ILS FAISAIENT[2]. »

Donnons maintenant la parole à Lamartine qui a vu fonctionner
de près le scrutin de liste :

« Le scrutin de liste, c'est l'élection des ténèbres, le bandeau mis
sur les yeux du peuple, le triomphe assuré des cabales sur le mérite et sur les probités.... Ce mode de scrutin ne donnera jamais qu'un
éternel mensonge de représentation nationale, car il est lui-même
le hasard et le mensonge organisé.... Le hasard pour gouvernement
quand ce n'est pas l'intrigue, voilà le résultat infaillible du scrutin
de liste.... Parmi les aberrations humaines, ce gouvernement à croix
ou pile restait à inventer....

« Vous dites à une immense collection d'hommes, séparés par
des fleuves et par des montagnes, qui ne se connaissent pas les
uns les autres.... Inscrivez tout à la fois sur une même feuille de
papier dix, vingt, trente noms de représentants, noms qui vous
sont pour la plupart aussi parfaitement inconnus que s'ils étaient
des citoyens de Philadelphie ou des habitants de Canton, et jetez ce
papier dans l'urne. Il en sortira la représentation de votre intelli-

---

1. La nouvelle commission des lois constitutionnelles vient de décider que les
départements ayant droit à plus de neuf députés seraient divisés par la loi en circonscriptions. Jolie concession vraiment! comme si le scrutin de liste ainsi réduit
à l'élection simultanée de neuf représentants ne restait pas presque aussi odieux et
presque aussi absurde qu'avec des bulletins de vingt-huit ou quarante-trois noms !
2. *Vues sur le Gouvernement de la France*, ouvrage posthume du duc de Broglie,
publié par son fils. Chap. I.

gence, de votre moralité, de votre confiance, de votre volonté ré-
fléchie et personnelle !.... Dites donc plutôt qu'il en sortira le hasard,
le mensonge électoral, la déception, la cabale, l'intrigue, le scandale
souvent ! Mais l'intelligence, les préférences du peuple, son choix
éclairé et réfléchi, sa conscience, sa volonté personnelle ? Comment
voulez-vous que tout cela en sorte, puisque le peuple ne l'y a pas
mis. Le peuple a voté à tâtons, et vous voulez que son suffrage ne
soit pas aveugle, vous vous moquez de la nation ! Une loterie de
noms tirée de l'urne par un enfant vaudrait mieux, car l'enfant est
innocent et impartial, et l'intrigue qui unit la main du peuple est
perverse et corrompue !...[1] »

. Obliger des paysans, des ouvriers, à choisir dix, quinze, vingt
députés en même temps, dit ailleurs le même Lamartine, « autant
les faire voter pour les vingt-cinq lettres de l'alphabet !... » —
« Autant leur demander de mettre au jour un poëme épique ! » s'é-
criait M. Maurat-Ballange, dans la discussion de la Constitution de
1848. L'honorable député de la Haute-Vienne ajoutait : « La révolution de Février a supprimé pour l'électorat toute condition de
cens : en maintenant le scrutin de liste, elle remplacerait le privilége de la fortune par le privilége de l'intrigue. »

La question du scrutin de liste et du scrutin uninominal n'avait
pas encore été agitée au temps où écrivait Montesquieu ; mais l'œil
du génie voit par delà les confins du siècle ; et un passage de
l'*Esprit des Lois* établit clairement que si l'immortel publiciste vi-
vait aujourd'hui, nous aurions l'immense honneur de le posséder
dans nos rangs. Voici, en effet, ce qu'on lit au chapitre vi[e] du
livre XI : « *L'on connaît mieux les besoins de sa ville que ceux des
autres villes et on juge mieux de la capacité de ses voisins que de
celle de ses autres compatriotes. Il ne faut donc pas que les membres
du corps législatif soient tirés en général du corps de la nation, mais
il convient que dans chaque lieu principal, les habitants se choisissent
UN REPRÉSENTANT.* »

Il résulte de tout ceci que le scrutin uninominal d'arrondisse-

---

1. Loc. sup. cit.

ment est le seul qui puisse se prêter à des élections dignes de ce nom. C'est pourquoi il faut l'adopter résolûment et se garder de soulever la question de savoir si à Barcelonnette ou à Quimperlé le scrutin de liste ne serait pas actuellement plus favorable à tel ou tel groupe politique. M. Dufaure, dans son *Exposé des motifs*, remarque fort justement que « dans les pays célèbres par leur liberté, on se garde de donner à élire une députation nombreuse à chaque corps électoral ». Et il cite ces lignes de M. Ed. Laboulaye : « La loi américaine veut qu'on ne nomme jamais qu'un député à la fois ; il n'y a pas de scrutin de liste.... Il faut que les électeurs ne choisissent qu'une personne et connaissent bien la personne qu'ils choisissent. »

Quant aux résultats que donnerait ce même scrutin d'arrondissement dans les élections législatives qui sont imminentes, ces résultats seraient assurément plus ou moins satisfaisants suivant l'habileté et l'activité que les conservateurs déploieraient dans la lutte, mais ils ne sauraient jamais, Dieu merci, être mauvais. Les hommes d'ordre sont en immense majorité dans le pays ; avec un mode de suffrage qui leur permet de voter avec discernement, ils ne peuvent envoyer à la Chambre qu'une majorité d'hommes d'ordre.

Le scrutin de liste, en 1849 et en 1871, a été, il est vrai, l'occasion d'un désastre complet pour les radicaux : peut-être, contre leur attente, ne seraient-ils pas mieux traités par lui dans les prochains comices. Mais, encore une fois, là n'est pas, là ne peut être la question : il est cent fois préférable pour les conservateurs de n'obtenir qu'une majorité moins nombreuse, plutôt que d'escroquer à la France une Assemblée unanimement conservatrice ! Nous maintenons le mot *escroquer*, car le scrutin de liste ne sera jamais qu'une immense escroquerie politique ! Or, les hommes d'État les plus illustres ont toujours été d'accord pour déclarer que fausser les élections dans un État libre, c'est préparer pour l'avenir les plus épouvantables malheurs!... La vérité est d'ailleurs que le scrutin de liste peut aussi bien donner une Assemblée rouge qu'une Assemblée blanche, et réciproquement : ce qui est certain, c'est qu'il sera tou-

jours, le tombeau des opinions moyennes ! Je rends pour la dixième
fois hommage aux lumières et au patriotisme des Assemblées de 1849
et de 1871; mais je ne puis oublier qu'à la première de ces dates, le
péril social, conjuré à grand'peine aux journées de juin, avait im-
primé aux forces conservatrices un élan qu'on n'a pas revu depuis,
même au moment de la Commune. Les historiens pourront dire,
sans la moindre exagération, que les élections de 1849 ont été
faites par toutes les gardes nationales de France sous les armes, *in
procinctu!*... Quant à celles de 1871, elles ont eu lieu dans des conditions tellement exceptionnelles, qu'elles ne sauraient prouver absolument rien pour ou contre le scrutin de liste. Le bonapartisme.
et aussi, grâce à la dictature de M. Gambetta, le parti républicain
tout entier étaient alors tombés dans un égal discrédit. Les légitimistes et les conservateurs libéraux ont facilement triomphé, d'une
extrémité à l'autre du territoire, par la raison bien simple qu'ils
étaient alors les seuls hommes possibles... La situation est-elle la
même aujourd'hui? Les conservateurs effrayés sont-ils en tenue de
campagne, comme en 1849 ? Les bonapartistes, les radicaux, les
socialistes sont-ils hors de combat comme en 1871 ? Nous oublions
vite en France, et un grand parti politique ne fit jamais chez nous
de chute si lourde qu'avec de l'audace et de l'activité il ne soit par-
venu promptement à se remettre debout! Les élections de 1876
s'accompliront incontestablement dans des conditions normales,
tous les partis prendront part à la lutte! Et c'est alors que le scrutin de liste, s'il était adopté, apparaîtrait tel qu'il est ! Nous assis-
terions à une mêlée terrible et confuse de toutes les factions : le hasard seul déciderait du gain de la bataille.

La préférence des radicaux pour le scrutin de liste est toute naturelle : le vote par arrondissement leur promet une déroute complète ; ils ne se font à cet égard aucune illusion [1]. Avec le scrutin de

1. M. Gambetta disait naguère en présence du correspondant du *Times*: « Mes
amis et moi ne voterons jamais le scrutin d'arrondissement ; nous préférons, en
effet, affronter le scrutin de liste avec le ministère le plus hostile, que nous présenter
au scrutin d'arrondissement avec un ministère qui nous serait complétement
dévoué.

liste, au contraire, ils peuvent sans doute être également vaincus, mais ils ont aussi des chances sérieuses de vaincre. Il faut même reconnaître que jamais ils n'auront affronté la lutte dans des conditions aussi favorables. Ils pourront user et abuser du nom illustre de M. Thiers; ils s'avanceront dans les villages bras dessus, bras dessous, avec des membres du centre gauche bien posés dans le département. Inutile d'ajouter que leurs professions de foi seront d'une modération exemplaire; les loups imiteront les bêlements des agneaux.... Qui sait? les bons électeurs, moins avisés que le chevreau de la Fontaine.... ouvriront peut-être leur porte!...

Pour ce qui est des bonapartistes, il est absolument faux que le scrutin d'arrondissement leur soit plus favorable que le scrutin de liste. On ose dire qu'ils comptent dans leurs rangs de nombreuses influences locales. Rien de moins vrai. Sur nos trois cent soixante arrondissements, il n'y en a pas vingt où le parti bonapartiste puisse mettre en avant une influence locale prépondérante. Si les influences locales étaient acquises à la cause de l'Empire, est-ce que celui-ci, durant ses vingt années de règne, leur eût fait la guerre que l'on sait. Est-ce que, pour empêcher leur succès dans la lutte électorale, il eût arrêté les courriers comme dans l'Isère, ou les horloges comme dans la Haute-Garonne? Le despotisme s'appuyer sur les individualités éminentes d'une nation! On oublie les épis de Périandre et les pavots de Tarquin! De Pisistrate aux Bonaparte, en passant par César et Cromwell, le despotisme n'a jamais fait que s'attaquer tout d'abord aux hautes têtes, afin de pouvoir passer ensuite la charrue sur le reste! « Presque tous les tyrans, remarque fort justement Aristote, dans sa *Politique*, ont été d'abord des démagogues qui ont gagné la confiance du peuple en calomniant les principaux citoyens[1]. » Loin de ménager les influences locales, l'empire n'a rien négligé pour les discréditer, pour les abaisser. Il n'a cessé de leur tendre la coupe empoisonnée des plaisirs, et si quelques âmes d'élite la brisaient aux pieds de la statue de la Liberté, on leur barrait le chemin de la vie publique

1. V, 8, 3.

au moyen de mille artifices plus honteux les uns que les autres. Qu'on ne parle donc plus des attaches bonapartistes de nos influences locales !... Certes, grâce surtout au gouvernement de Napoléon III, les grandes situations d'arrondissement ne sont pas, à cette heure, en France, ce que nous souhaiterions qu'elles soient. M. de Lacombe, toutefois, nous paraît tomber dans une exagération évidente en les regardant comme presque partout éteintes. Les influences locales sont comme la grande propriété : elles disparaissent et se reconstituent chaque jour ! Même amoindries, elles n'en restent pas moins encore, dans notre pays, un des appuis les plus fermes de tout régime d'ordre et de liberté.

Nous n'entendons, est-il besoin de le dire, par bonapartistes, que les hommes qui ont été associés à la pensée de l'empereur, *à son œuvre politique*. Il est, en effet, aussi inique qu'absurde de prétendre faire retomber la responsabilité des fautes de Napoléon III et de ses conseillers intimes jusque sur la tête des hommes distingués et parfaitement recommandables qui, à cette époque, ont continué ou commencé de servir la France dans l'armée, dans la magistrature, dans les finances et même dans une foule de carrières administratives.... Certes, nous admirons autant que qui que ce soit ces officiers, ces fonctionnaires de 1830, brisant leur épée, déchirant leur écharpe ou leur toge, quelques-uns sans songer au pain quotidien ! Mais si une monarchie dix fois séculaire est capable d'inspirer de pareils sentiments de fidélité, de dévouement, d'abnégation, il n'en saurait être indubitablement de même de ces gouvernements de fait qui, semblables aux Maures du Cid, sont apportés par le flux et que le reflux remporte. D'ailleurs, sauf dans le camp radical, on n'improvise pas des généraux, des juges, des administrateurs ; et la France serait certainement tombée au dernier rang des nations, si chaque pouvoir nouveau n'avait pu, à son avénement, rallier autour de lui une partie au moins du personnel de la précédente administration. Ouvrons donc sans hésiter les rangs conservateurs à des hommes qui ont travaillé avant tout pour le pays : si quelques-uns ont conservé des sympathies pour le pouvoir déchu, nous n'aurons assurément avec nous que des bonapartistes *platoniques* : ceux-là respecteront toujours la France et les lois !

Mais, à côté de ce groupe si profondément respectable des anciens fonctionnaires de l'Empire, il en est un autre, le groupe des démocrates césariens, le groupe militant, qui présente, lui, tous les caractères d'une odieuse et redoutable faction. Pendant que le gouvernement de la République travaille nuit et jour à réparer les bévues napoléoniennes, ces hommes courent le pays, s'efforçant d'ébranler l'ordre de choses légal, en attendant qu'il leur soit possible de le renverser. Sans doute, voyant l'immense popularité qui entoure le nom de Mac-Mahon et désireux de dissimuler aux yeux de la masse du public leur caractère d'opposants, ils donnent de temps en temps leur suffrage au maréchal, dans des questions d'importance secondaire ; mais ils ne manquent jamais de voter contre lui dans les circonstances décisives : au 16 mai 1874[1], au 6 janvier[2], au 11 février 1875[3], et jusque dans cette séance du 22 juillet où, grâce aux mesquines et implacables rancunes de M. Thiers, à une nouvelle palinodie de ses fellahs du centre gauche et enfin à la haine aveugle des gauches contre l'illustre et honorable M. Buffet, ils ont été bien près de replonger la France dans le gâchis d'où le vote des lois constitutionnelles l'a tirée[4]!...

1. Chute du ministère *de Broglie*, investi de toute la confiance de M. le maréchal de Mac-Mahon.

2. Message du Maréchal demandant la prompte discussion de la loi sur le Sénat. Le vote des bonapartistes a infligé à la France une crise ministérielle de six semaines.

3. Amendement Pascal Duprat, proposant, au mépris de la volonté bien connue de M. le président de la République, la nomination du Sénat par le suffrage universel.

4. Le but poursuivi par les bonapartistes, dans cette journée, saute aux yeux ! L'Assemblée nationale a décidé fort sagement que les élections sénatoriales auraient lieu avant sa dissolution, voulant ainsi laisser après elle une chambre prête à assister le chef du pouvoir exécutif dans sa laborieuse mission et assurer également de la sorte, avant de se séparer, et, sous ses yeux même, le fonctionnement de la Constitution. L'amendement de M. Raoul Duval, au contraire, du moins dans sa rédaction primitive fixait les élections de la Chambre basse au 17 octobre, renvoyant ainsi à une date ultérieure et indéterminée la formation du Sénat. De cette façon, l'élection des députés avait lieu *rebus integris*, c'est-à-dire avant toute mise à exécution des lois constitutionnelles, et Dieu sait le cas qu'auraient fait de ce *chiffon de papier* les héros de décembre 1851 et leurs adeptes, si le scrutin leur avait été favorable!... Les mots : *élections pour* L'ASSEMBLÉE LÉGISLATIVE que l'éminent et

Machiavel parle je ne sais où de certains nobles florentins qui
avaient un visage pour le palais du gouvernement et un autre
pour la place publique; les bonapartistes intransigeants n'ont pas
deux visages : ils en ont cent! Jamais, aux temps les plus mytho-
logiques, on n'a vu plus nombreuses, plus rapides, plus complètes
métamorphoses! Ultra-conservateurs avec les riches, socialistes
avec les ouvriers et les paysans, autoritaires avec l'armée, démagogues avec les déportés du fort de Quélern, dévots avec le clergé,
matérialistes avec les incrédules, ces Protée de la politique prennent toutes les formes et se couvrent de tous les masques. Un de
nos amis qui aurait des loisirs obtiendrait, sans aucun doute, un
grand succès, en même temps qu'il ferait une bonne action, en
réunissant sous ce titre : *la Propagande bonapartiste*, les principales productions destinées à réchauffer l'enthousiasme national en
faveur de l'ordre de choses tombé à Sedan. Certes, on dessillerait les
yeux à beaucoup d'hommes sincèrement dévoués à la cause de l'ordre, on dissiperait bien des malentendus, si l'on mettait les opuscules de M. Jules Amigues en regard des brochures de M. Girau-
deau ou de l'écrit intitulé : *l'Empire et le Clergé!*...

En enveloppant ainsi dans un vaste système de prosélytisme toutes
les classes de la nation, toutes les unités sociales, en flattant simultanément les intérêts les plus opposés, en excitant toutes les ambitions,
en encourageant toutes les convoitises, la faction bonapartiste, à
l'heure où nous écrivons, en est arrivée, à la faveur de l'indécision
ou des embarras du gouvernement, à former un État dans l'État :
elle a ses préfets, sa police, ses finances, et si elle n'a pas ses géné-

---

libéral président de l'Assemblée n'a laissé passer que par inadvertance, indiquent
clairement, du reste, les tendances des auteurs de la proposition: on se réservait le
droit d'en appeler à *l'Assemblée future* des décisions constitutionnelles de l'Assemblée
actuelle. Or, depuis le 25 février dernier, la France n'a plus à nommer d'Assemblée
d'aucune espèce; elle aura à élire purement et simplement une modeste *Chambre de
Députés*, chargée de voter les lois et l'impôt et dont le premier devoir sera d'accepter
et de faire respecter la Constitution telle qu'elle est, de concert avec le Sénat.
M. Raoul Duval tombe dans une erreur profonde en disant qu'aux élections prochaines, « le pays aura à juger l'œuvre du 25 février. » Jusqu'en 1880, sauf le droit
de révision attribué au seul maréchal de Mac-Mahon, la Constitution est au-dessus
du vote populaire comme de tout le reste.

raux, c'est que dans cette armée française, plus admirable encore dans les revers que dans les triomphes, on ne trouvera jamais un officier qui, dans son cœur comme sur sa poitrine, ne porte gravée cette unique devise : *Honneur et patrie !* et ne soit prêt à répondre à toutes les sollicitations par le serment de Bayard « *Oncques n'en aurai d'autre !* »

Il est possible que ceux des bonapartistes auxquels nous avons appliqué l'épithète de *platoniques* ne se montrent pas hostiles à l'élection par arrondissement. Nous l'avons dit et nous le répétons, ce sont là des hommes qui sont conservateurs avant tout, qui jamais ne mettront leur main dans celle de l'irréligion, du jacobinisme et du socialisme. Mais ce que nous affirmons, sans crainte de nous tromper, c'est que les bonapartistes intransigeants n'hésiteront pas à se prononcer d'une voix unanime, quand le moment sera venu, en faveur du vote par département. Le scrutin de liste, en effet, nous croyons l'avoir suffisamment démontré, fait la part trop belle à l'intrigue, à la corruption, au charlatanisme, pour ne pas rester toujours le scrutin préféré des partis extrêmes, des ennemis des institutions existantes. Et si les journaux de l'*Appel au peuple* n'ont pas encore manifesté nettement leur préférence dans le grave débat qui nous occupe, c'est tout simplement pour ne pas nous fournir, à nous autres, partisans du scrutin d'arrondissement, l'argument redoutable que nous ne manquerions pas de tirer contre nos adversaires du concours de pareils alliés[1] !...

Il est encore du reste une autre considération, celle-là d'un caractère tout actuel, qui ne peut manquer d'assurer au système du scrutin de liste les sympathies des coryphées du césarisme: Dans un pays de centralisation excessive, comme la France, un homme de quelque valeur ne peut être demeuré cinq, huit, dix ans à la tête d'un département, sans avoir conquis pour longtemps près d'un grand nombre de ses administrés une influence considérable. Les chefs bonapartistes fondent donc à bon droit de grandes espérances

---

1. Nous avons vu juste !... Au moment, en effet, où nous mettons sous presse, M. Rouher vient de se prononcer à Marseille et à Ajaccio en faveur du scrutin de liste.

sur les candidatures des anciens préfets du régime déchu. Et ces
espérances, il faut bien l'avouer, leur sont d'autant plus permises,
que, en 1870, M. Émile Ollivier ayant conservé, à l'exception de
M. Haussmann, tout l'ancien personnel administratif, et s'étant borné
à déplacer un certain nombre de fonctionnaires, les noms de ces
fonctionnaires ainsi déplacés, avant la guerre, se trouvent ne rappeler dans leur département primitif qu'une époque de grande
prospérité matérielle, sans être restés en rien mêlés au souvenir
de nos désastres. Or, c'est chez moi une conviction profonde,
si le scrutin de liste était adopté, les électeurs en beaucoup d'en-
droits, tout heureux de pouvoir lire sur une liste un nom qu'ils
connaissent, saisiraient au vol cette trop rare bonne fortune et n'hésiteraient pas à déposer ce bulletin dans l'urne, quitte à faire passer
du même coup et sans nullement songer à mal, huit autres bonapartistes. J'affirme, au contraire, que, dans l'hypothèse du vote par
arrondissement, les plus sympathiques parmi les anciens préfets de
l'empire ne sauraient lutter avec avantage contre une influence
locale solidement établie. Avec ce dernier mode de suffrage, en
effet, les électeurs n'enragent plus de se voir condamnés à voter
pour des inconnus : ils cessent d'être des mannequins disposés à droite
ou à gauche des urnes par des comités ou des courtiers d'élection :
encore une fois, on les met à même de faire ce qu'ils veulent et
de savoir ce qu'ils font. C'est dire que la lutte s'établit, non entre
des cocardes de couleur plus ou moins nette, mais entre deux hommes, l'un étranger à la contrée, aujourd'hui à Pau, demain à Lille,
assez indifférent en réalité au bien-être d'un pays qui n'est pas
le sien; l'autre, enfant de l'arrondissement, où il occupe de longue
date une situation importante, ayant grandi en talent, en richesse,
en considération, sous les yeux de ses concitoyens, ne laissant échap-
per aucune occasion de favoriser le développement de la prospérité
locale. En vérité, il faudrait désespérer de cet antique privilége des
Français qui a nom le bon sens, si nos populations pouvaient hésiter une seconde entre les bulletins du porte-drapeau d'une coterie
égoïste et ceux d'un compatriote distingué, dont les intérêts sont
les leurs !

Nous croyons avoir répondu aux principaux arguments produits tant en faveur du scrutin de liste que contre le scrutin uninominal d'arrondissement. Quand nous parlons toutefois d'arguments produits en faveur du scrutin de liste, nous nous servons d'un langage fort inexact, car, à part le travail où M. de Lacombe défend une application très-mitigée de ce système, les partisans les plus résolus du vote collectif n'ont jamais jugé à propos d'exposer au public les motifs qui déterminaient leur conviction. En 1848, le *bon plaisir* des membres du gouvernement provisoire *octroya* à la France le scrutin de liste, malgré la vive opposition de Lamartine, dont on ne daigna même pas combattre la manière de voir. L'élaboration de la Constitution républicaine vint remettre la question sur le tapis : le scrutin départemental fut maintenu dans le texte du projet ; mais le rapporteur, Armand Marrast, après avoir exalté le suffrage universel et modulé des dithyrambes en l'honneur de la liberté, de l'égalité et de la fraternité, aborde immédiatement la question des deux Chambres sans consacrer une seule ligne à l'examen critique des différents modes de suffrage qu'on pourrait adopter pour la formation de l'Assemblée législative. Lors de la discussion publique, même mutisme de nos adversaires d'alors. MM. Ferdinand de Lasteyrie et Maurat-Ballange avaient proposé un amendement tendant à l'adoption du scrutin uninominal par circonscriptions ; le second de ces représentants, dans un excellent et substantiel discours[1], signala à ses collègues les vices du scrutin de liste ; il n'obtint même pas l'honneur d'une réponse. On eût dit vraiment que des meneurs habiles avaient organisé en faveur du bulletin collectif la conspiration du silence. La majorité de la commission demandait aux élus de la nation comme une sorte d'acte de foi républicaine, déclarant d'avance hérétique quiconque ne le souscrirait pas !... Après vingt ans d'empire, les hommes du 4 septembre nous ont gratifiés de nouveau du scrutin de liste, sans risquer bien entendu un mot de justification.... Interrogé naguère par ses collègues du centre droit sur les motifs qui lui faisaient préférer ce même mode de suffrage, M. Léonce de Lavergne déclara s'en référer, *faute de*

1. *Moniteur universel* du 29 septembre 1848.

temps, à l'article de M. de Lacombe par nous plusieurs fois cité. Ce n'est pas seulement le temps, c'est aussi la mémoire qui fit en cette circonstance quelque peu défaut à l'honorable représentant de la Creuse. M. de Lacombe, en effet, reconnaît que le scrutin de liste, du moment où les listes « comprennent plus de trois ou quatre noms, mérite toutes les critiques dont ses adversaires l'ont accablé »…. — La seconde commission constitutionnelle de l'Assemblée actuelle a tranché la question du mode de votation en quelques minutes…. Le rapport de MM. Ricard et de Marcère ne sera t-il qu'une traduction en prose de celui d'Armand Marrast? S'il en devait être ainsi, la France acquerrait le droit de juger sévèrement un système ainsi éclos sous terre et continuant de ne se développer que dans les ténèbres. Elle ne manquerait certes pas de se rappeler que, dans les dernières années du règne de Louis-Philippe, la réforme électorale, qu'on réclamait, elle aussi, en évitant de la définir, n'était, comme les événements l'ont bientôt prouvé, qu'une machine de guerre destinée à réunir sous un drapeau de coalition tous les ennemis du pouvoir établi. Elle s'étonnerait de voir M. Thiers, qui en 1873 faisait de l'adoption du scrutin uninominal une question de gouvernement, recommander si chaudement en 1875 le scrutin de liste ; et peut-être adresserait-elle à l'ancien Président de la République la question de Basile : « Qui veut-on tromper ici [1] ? »

1. L'enthousiasme pour le scrutin de liste, qui s'est transmis de rang en rang, comme un mot d'ordre, dans l'armée thiériste et républicaine, cacherait-il de la part de MM. Thiers et Gambetta (*divi fratres !*) l'intention de briguer ensemble, dans un très-grand nombre de départements, les suffrages populaires lors des élections pour la Chambre des députés?… Quoi qu'il en soit, nous relèverons encore ici, en passant, un inconvénient considérable du scrutin de liste, celui de favoriser les *candidatures multiples.* Ces candidatures portent à son comble l'agitation dans le pays ; elles font de celui-ci un véritable champ clos où trois ou quatre personnalités bruyantes se disputent à coups de bulletin la Présidence ou le trône, en attendant qu'elles se les disputent à coups de fusil. Au lieu de trois ou quatre cents collèges électoraux discutant en paix sur l'intérêt général ou local, émettant un vote calme, libre, réfléchi, en faveur d'un des plus dignes de leurs membres, vous n'avez plus qu'un immense collège de quarante millions d'hommes, les uns n'écoutant d'autre voix que celle de la passion politique ; les autres, de beaucoup les plus nombreux, complétement incapables de se rendre compte de ce qu'ils font. La lutte, au lieu de perdre tout caractère alarmant par cela même qu'elle se divise à l'infini, enveloppe dans une vaste conflagration le pays tout entier. Il ne s'agit plus de nommer des délégués pour exercer un contrôle à la fois sérieux et équitable sur les actes du gouvernement établi, mais

IX

Dans l'exposition des motifs qui, selon nous, doivent faire préférer le scrutin uninominal au scrutin de liste, nous avons toujours

de remettre purement et simplement en question l'existence même de ce gouvernement. Ajoutons que la constitution de l'Assemblée ne met pas fin aux hostilités, les
options devant donner ouverture à une seconde campagne électorale, au grand préjudice des affaires, dont la reprise se trouve ainsi différée, et au non moins grand préjudice des conservateurs. Beaucoup de ceux-ci, en effet, après avoir déjà marché au
scrutin une fois (deux fois même, s'il y a eu ballottage), auront le tort de ne pas se
résoudre à interrompre d'importantes occupations pour se rendre une troisième fois
à la salle de vote : ils laisseront le champ libre aux suppôts de la Révolution, jusqu'au jour, hélas ! trop prochain, où, fatigués de ces scrutins interminables, de l'ex-
citation, de l'inquiétude qu'ils entretiennent dans les esprits, effrayés enfin des résultats de beaucoup de colléges, ils en viendront à prendre en dégoût les institutions
libérales elles-mêmes.

La première Commission constitutionnelle, présidée par M. Batbie, soumettait à
l'Assemblée une disposition prohibitive contre les candidatures multiples : c'était là
un soin superflu, cette Commission s'étant prononcée pour le vote uninominal par
arrondissement. Ce dernier mode d'élection, en effet, par sa nature même, ne se
prête pas à cette sorte d'ubiquité électorale. Les candidatures multiples pourraient
tout au plus se produire dans de très-grandes villes : c'est dire que, avec le
scrutin individuel, la personnalité la plus éclatante, le nom le plus en faveur auprès
des masses, ne pourra jamais espérer plus de trois ou quatre mandats....

Cette note, ainsi que la page à laquelle elle se rapporte, étaient écrites lorsque
nous avons pu prendre connaissance du Rapport déposé par MM. Ricard et de Marcère au nom de la seconde Commission constitutionnelle. Grâces soient rendues à
ces deux honorables regrésentants! Ils ont consacré quelques lignes à la justification du scrutin de liste! La vérité est toutefois que ce trop court essai ne nous paraît pas devoir déterminer dans les rangs des partisans du vote uninominal de bien
nombreuses conversions. Les deux Rapporteurs souhaitent de voir se former dans le
pays, de *grands courants politiques*. Nous avons dit ci-dessus ce que cachaient ces
mots. MM. Ricard et de Marcère redoutent également dans notre système la prédo-
minance de l'intérêt local et la corruption. Nous nous sommes suffisamment expli-
qué sur l'un et l'autre point. Les deux députés du centre gauche craignent aussi que
les élus des arrondissements, pour mieux servir les intérêts de leurs mandants, né
deviennent par trop ministériels. A ce dernier argument nous ne ferons qu'une réponse. Qu'on interroge tous les ministres actuels et tous les anciens ministres encore vivants, et qu'on les prie de déclarer si les députés du scrutin de liste, sous la

supposé des circonscriptions électorales formées de nos différents arrondissements administratifs. Cette délimitation des colléges élec-

seconde République comme sous la troisième, ont été des solliciteurs moins ardents que les députés du scrutin individuel. Qui sait? Peut-être se rappelleraient-ils que les représentants les plus fanatiques du scrutin de liste ne sont pas ceux qui aient le moins usé les banquettes de leurs antichambres!...

MM. Ricard et de Marcère conviennent « que parmi les objections élevées contre le scrutin de liste, la plus sérieuse est celle qui reproche à ce mode de votation de donner lieu *à des élections faites à l'aveugle.* » Les deux honorables Rapporteurs veulent bien nous apprendre à ce propos que les électeurs n'ont pas besoin de connaître la personne physique du candidat. Nous n'avons jamais eu, en ce qui nous concerne, le moindre doute à cet égard, estimant que les populations attachent assez peu d'importance au point de savoir si leur futur représentant a des cheveux rouges ou noirs, des yeux bleus ou bruns, le nez fort ou moyen, le visage plein ou ovalé. Ce qui leur importe davantage, c'est de connaître de longue date non-seulement la couleur politique, mais les antécédents, le caractère, la situation personnelle de ce même candidat, un parti ne valant jamais que ce que valent les hommes qui le composent. Or le scrutin individuel et par arrondissement est le seul mode de votation qui puisse satisfaire cette légitime curiosité du suffrage universel.... « Ce qui éclaire l'électeur, disent MM. Ricard et de Marcère, c'est la renommée, c'est le bruit public, ce sont les conférences partout tenues, où des déclarations faites, des explications échangées, font la lumière sur l'élection et la répandent jusqu'aux dernières extrémités du département. » Traduisons en langue vulgaire : Dans les élections au scrutin de liste ce sont les comités, les journaux, les clubs, les courtiers qui disposent des votes... Et tel est, en effet, le motif capital qui nous fera toujours repousser le système accueilli par la majorité de la seconde Commission constitutionnelle.

Les deux honorables rapporteurs de cette Commission, l'un et l'autre membres du centre gauche, avaient à toucher dans leur travail un point délicat : nous voulons parler du projet de loi électorale, déposé par MM. Thiers et Dufaure en mai 1873, et dans l'exposé des motifs duquel on n'hésitait pas à déclarer compromise l'œuvre du relèvement national, si le scrutin de liste était adopté. MM. Ricard et de Marcère, visiblement mal à l'aise sur ce terrain, y posent à peine le pied, et se hâtent de poursuivre leur route en disant simplement « que les circonstances particulières du temps ont pu peser sur les déterminations de l'illustre homme d'État et sur celles des ministres qui l'assistaient alors. » Mon Dieu ! la situation politique, sous plus d'un rapport, s'est modifiée depuis 1873 ; mais, nous l'avouons, elle ne nous paraît pas changée à ce point, que le même scrutin de liste qui alors perdait la France, doive lui apporter en 1875 ou 1876, heur et prospérité !... M. Hilaire de Lacombe, dans son travail, semble réduire le débat sur le meilleur mode de suffrage à une question d'heure ou de latitude ; il accepte le scrutin d'arrondissement pour les sociétés où une longue et intelligente stabilité des institutions fait régner une paix perpétuelle, un calme profond, et recommande au contraire le scrutin de liste aux empires troublés et dans les moments de crise. Nous avons le regret d'être d'un avis diamétralement opposé, estimant que le scrutin de liste ne peut être à toutes les époques, comme dans tous les pays, qu'un système électoral détestable, et que s'il est un État où il soit moins dangereux, sans en devenir pour cela plus respectable, c'est indubitablement celui où la forme du gouvernement n'est pas contestée. Nous persistons à croire, au contraire, que dans un pays où les élections n'ont pas seulement pour

toraux nous semble en effet la plus rationnelle, la plus équitable....
Les arrondissements et les sous-préfectures ont été très-vivement

but de fixer la politique du gouvernement, mais où, du moins, en fait, elles doivent
décider de l'existence de ce gouvernement même, en présence de deux ou trois
grands partis politiques debout et en armes, ourdissant intrigues sur intrigues, semant calomnies sur calomnies, cherchant à renverser par tous les moyens un régime né d'hier ; sous les yeux d'un vainqueur implacable, n'attendant qu'une occasion favorable de nous achever, trop heureux si de nos propres mains nous pouvions
nous achever nous-mêmes ; nous persistons à croire que dans un pareil pays et
dans une semblable situation, c'est vraiment folie de livrer au scrutin départemental,
c'est-à-dire à un coup de roulette politique, le gouvernement, la paix sociale, la
fortune publique, les intérêts de quarante millions d'hommes, les destinées de la
patrie française !...

C'est avec le plus grand étonnement que nous avons vu la Commission constitutionnelle adopter un amendement de M. Delsol, aux termes duquel tout département, quelle que soit sa population, aura toujours un nombre de députés au moins
égal *au nombre d'arrondissements* qu'il renferme. La majorité des commissaires ne
s'est pas aperçue qu'en accueillant une telle proposition, elle se chargeait de démontrer elle-même, et d'une manière éclatante, l'absurdité du système du scrutin de
liste. Comment ! vous écrivez aux premières lignes de votre *Credo* républicain que
l'élection doit avoir pour base unique la population, et voilà maintenant que vous
accordez à un département plus ou moins de députés, suivant que le législateur a
jugé à propos de tracer sur la carte de ce département un plus ou moins grand
nombre de lignes bleues ou rouges !... Comment ! vous nous répétez à satiété que
l'avantage capital du scrutin de liste « est de soustraire les candidats aux préoccupa-
tions secondaires des intérêts locaux », de faire entrer à la Chambre des représentants qui soient non les mandataires de telle ou telle ville, de tel ou tel rayon,
mais les mandataires de la France, et voilà que vous créez des siéges législatifs tout
exprès pour Marvejols et Sisteron !... Vous déclarez sérieusement (je cite vos paroles textuelles) que l'amendement Delsol « se prête au système du scrutin de
liste, dans lequel il est utile qu'aucun arrondissement n'ait lieu de se plaindre *de
n'être pas représenté.* » Les arrondissements, ces pauvres subdivisions administratives
tant décriées, auraient donc quelque droit d'être représentés ? Mais, s'il en est ainsi
(qu'êtes-vous devenus, MANDATAIRES DE LA FRANCE!), s'il en est ainsi, votre admirable
et grandiose conception du scrutin de liste se réduit purement et simplement à faire
nommer les députés de chaque arrondissement par le département tout entier : il nous
paraît vraiment plus simple à la fois et plus rationnel de faire élire des députés d'arrondissement par chaque arrondissement ! M. de la Palisse, de populaire mémoire,
ne nous contredirait certes pas !... Ah ! la vérité est plus forte que les sophismes !
On ne parvient pas à l'étouffer sous de grands mots, sous des phrases !... Déjà, toutes les fois que le scrutin de liste a été appliqué en France, les auteurs des différentes listes départementales avaient tenu, en général, à ménager un représentant
à chaque arrondissement....Et nous avons montré dans notre deuxième paragraphe
(*supra*, p. 10) à quels jolis résultats on en arrive parfois en procédant de la sorte.

On sait que la Commission constitutionnelle a fait aux partisans du scrutin de
liste *par circonscriptions* la concession dérisoire de diviser en plusieurs colléges les
départements ayant à nommer plus de NEUF députés !... Ces départements sont au
nombre de six. Nous ne pouvons abandonner le rapport de MM. Ricard et de Marcère
sans faire remarquer la façon plus qu'étrange dont a été déchiqueté un département

attaqués depuis quelques années. Cependant tous les bons esprits n'ont cessé d'être unanimes pour reconnaître la nécessité d'une divi-

qui nous est cher à plus d'un titre : la Seine-Inférieure. Ce département, auquel sont accordés onze députés, est divisé en deux collèges : le premier (cinq députés), comprend les arrondissements du Havre, de Dieppe et de Neuchâtel ; le second, (six députés), les arrondissements de Rouen et d'Yvetot. Les divers candidats venant rendre visite aux électeurs de l'arrondissement du Havre devront donc sauter à pieds joints par-dessus l'arrondissement voisin, l'arrondissement d'Yvetot, pour continuer leur tournée dans les arrondissements de Dieppe et de Neuchâtel. Yvetot ne votera pas avec le Havre dont il n'est éloigné que de dix lieues et auquel le relie un chemin de fer direct : en revanche, le Havre et Gournay-en-Bray, Fécamp et Aumale, séparés par des distances de près de TRENTE LIEUES, sans voies de communications directes, auront à nommer des députés communs....

Les fromagers de Neuchâtel recevront mandat de défendre à la Chambre les intérêts de la marine marchande, et les armateurs du Havre deviendront les hauts protecteurs de l'industrie des vaches laitières !... L'Empire avait pourtant déjà bien fait les choses dans ce même département de la Seine-Inférieure : pour séparer Rouen de sa vaste banlieue industrielle, il avait imaginé de découper d'Elbeuf à Caudebec une bande de terre longue de seize lieues et large de trois ou quatre, dont il avait formé la deuxième circonscription électorale ! Mais, en vérité, les agents du régime déchu n'étaient, auprès de nos commissaires constitutionnels, que des écoliers, des étudiants.... en arbitraire !... Je me promenais ces jours-ci avec deux de mes amis qui sont en même temps mes compatriotes, et la conversation vint à tomber sur cette délimitation grotesque des deux collèges de la Seine-Inférieure, insérée au *Journal officiel* du 14 août, à la suite du rapport de MM. Ricard et de Marcère et du projet de loi de la commission. Un de mes compagnons, d'humeur joviale, se rappela incontinent que l'honorable M. Ricard n'aime pas, avec raison, à dîner trop tard ! (voir la séance de l'Assemblée nationale du 14 décembre 1872), et déclara que sans nul doute ce pauvre département de la Seine-Inférieure, ayant eu la mauvaise chance d'apparaître sur la sellette à l'heure du couvert, avait été ainsi exécuté sommairement pendant que refroidissait le potage.... Mon second ami, d'un caractère, je dois le dire, plus sombre, crut surprendre dans les résultats de l'élection de novembre 1873 le secret de cette jolie besogne de la majorité des Trente. Dans cette élection, les arrondissements de Neuchâtel et de Rouen avaient accordé la presque unanimité de leurs suffrages à la candidature républicaine du général Letellier de Valazé, tandis que l'arrondissement d'Yvetot et les cantons ruraux de l'arrondissement du Havre donnaient une forte majorité au candidat conservateur, M. Desgenetais. Or, toujours d'après mon ami, les fortes têtes de la gauche et du centre gauche auraient cru s'assurer la majorité dans les deux collèges en formant une même circonscription des arrondissements du Havre et de Neuchâtel et en mêlant dans le creuset électoral les habitants de l'arrondissement exclusivement agricole d'Yvetot aux populations industrielles de la ville et de la banlieue de Rouen. Pour tout dire, d'un mot, le département de la Seine-Inférieure aurait été ainsi dépecé *ad majorem reipublicæ gloriam!*... L'œuvre baroque de la Commission autorise toutes les conjectures.

Un dernier mot. S'il est un département où le scrutin de liste, même absolu, présente moins d'inconvénients qu'ailleurs, c'est incontestablement le département de la Seine, à cause de l'exiguïté de son territoire, de l'agglomération très-dense de sa population et des facilités tout à fait exceptionnelles qui sont offertes aux électeurs pour se renseigner sur l'opinion et le mérite des candidats. Eh bien, la Commission

sion intermédiaire entre le département et la commune. Certains publicistes proposent seulement de remplacer notre organisation administrative d'arrondissement par une nouvelle organisation cantonale, sur les bases de laquelle tous d'ailleurs sont loin d'être d'accord[1]. Nous n'avons jamais partagé et ne partagerons jamais une semblable opinion. On a osé dire que l'arrondissement ne correspondait à rien. Nous, enfant de la province, qui l'avons habitée longtemps, nous soutenons que l'arrondissement est, après la commune, la plus naturelle, la moins arbitraire de nos différentes divisions et subdivisions administratives[2]. Le chef-lieu d'arrondissement est, sauf

qui a maintenu l'unité de collége pour quatre-vingts départements, qui n'a formé que deux colléges dans un département aussi vaste que la Seine-Inférieure, cette même Commission partage en *huit colléges* le département de la Seine. Mystère, plus que jamais, mystère !...

1. Nous sortirions de notre sujet en prenant ici la défense de l'institution des sous-préfets. Nous nous contenterons de faire remarquer, en passant, qu'on tombe dans une erreur complète, en affirmant que ces fonctionnaires sont uniquement des agents de transmission, que remplacerait avantageusement notre excellente organisation postale. Les sous-préfets sont non-seulement des agents de transmission, mais encore des agents d'instruction, des agents de contrôle, des agents de surveillance. Ils ont, de plus, surtout depuis le décret du 18 avril 1861, un certain nombre d'attributions en propre. Ajoutons que dans les cas d'urgence et de péril, ces fonctionnaires sont investis de pleins pouvoirs et ont non-seulement le droit, mais le devoir de prendre toutes les mesures que peut commander la situation. — Le canton est, à nos yeux, une circonscription trop peu étendue pour que son chef-lieu puisse avoir jamais chance de devenir, nous ne dirons pas un centre politique (personne ne rêve pour nos chefs-lieux de canton d'aussi hautes destinées), mais un centre administratif quelque peu important. Des conseils cantonaux n'auraient ni les lumières ni l'autorité des conseils d'arrondissement. Les sous-préfets de canton, d'un autre côté, occuperaient une situation trop humble pour que des jeunes gens d'avenir consentissent à accepter une pareille position. Il n'y aurait donc que préjudice pour tous à détruire l'arrondissement au profit du canton, et ceux qui estiment qu'une subdivision administrative est indispensable entre le département et la commune doivent souhaiter le maintien de l'organisation actuelle. Il ne faut pas du reste perdre de vue que le sous-préfet n'est pas dans l'arrondissement le seul représentant du pouvoir central ; nous y trouvons également d'autres fonctionnaires de l'ordre judiciaire, financier, militaire, universitaire, des agents de l'administration des travaux publics, tous emplois qu'on ne peut songer à transférer au chef-lieu de canton. En outre, la création des sous-préfets cantonaux entraînerait comme conséquence nécessaire le *dédoublement* des fonctions de maire. Or la mairie est la plus ancienne, la plus populaire, la plus respectée de nos magistratures nationales ; l'amoindrir serait, selon nous, porter un coup funeste au principe d'autorité. Nous considérons comme une force immense pour la cause conservatrice la présence au premier degré de l'échelle administrative de fonctionnaires tenant à la fois leur mandat de l'investiture gouvernementale et de l'élection !

2. Les départements ont été tracés d'une manière bien autrement arbitraire que

de très-rares exceptions qui ne font que confirmer la règle, la ville principale, le centre d'une circonférence dont le rayon mesure six à sept lieues. Là se tient, chaque semaine, un marché important où se rencontrent les notables des divers cantons[2]; là siége le tribunal civil, qui règle les intérêts privés; là sont installés les bureaux de la conservation des hypothèques, ces registres de l'état civil du sol. Ce n'est pas tout. Presque tous nos arrondissements ont aujourd'hui formé des sociétés agricoles, industrielles, artistiques. Ces sociétés donnent une ou plusieurs fêtes annuelles qui offrent aux populations autant d'occasions de se rapprocher, de se concerter pour la défense de leurs intérêts, d'entendre les hommes les plus distingués de la contrée, lesquels ne manquent jamais de mettre à profit ces solennités pour entretenir leurs compatriotes des principales questions nationales ou locales à l'ordre du jour. En vérité,

---

les arrondissements. L'Assemblée constituante, en procédant à la division départementale, n'avait qu'un but : mutiler, anéantir nos anciennes provinces. Loin donc de prendre en considération, dans la délimitation des nouvelles circonscriptions territoriales, la communauté d'origine ou d'intérêts, la Commission de constitution s'ingénia à briser tous les liens du présent comme du passé. Pour la fixation des districts ou arrondissements, au contraire, la même Commission groupa, tout naturellement et sans arrière-pensée politique aucune, un certain nombre de paroisses autour des villes principales de chaque département.

Si l'arrondissement était une création aussi artificielle qu'on veut bien le dire, nous ne le retrouverions pas à des époques très-différentes et dans un grand nombre d'États. Avant 1789, dans nos pays d'*élection*, l'arrondissement existait dans les *généralités* sous le nom d'*élection* ou *subdélégation;* et, chose bien remarquable, nos chefs-lieux actuels d'arrondissement sont presque tous des anciens chefs-lieux d'*élection!*... En Prusse, en Autriche, dans les anciens États secondaires de l'Allemagne, l'arrondissement existe sous le nom de *cercle* (*kreis*). La Belgique, l'Italie, la Roumanie, l'ont conservé, quand elles nous ont emprunté notre hiérarchie administrative.

2. On croit porter un coup redoutable à l'institution de l'arrondissement en démontrant que, par suite de l'ouverture de certaines voies ferrées, il est à cette heure des communes pouvant se rendre plus rapidement au chef-lieu départemental qu'au chef-lieu d'arrondissement. Les personnes qui raisonnent ainsi ne connaissent pas les mœurs de nos provinces. Il faut près d'un siècle pour créer ou déplacer un marché, surtout quand la fréquentation de ce marché est pour ainsi dire imposée aux populations par la nécessité où elles sont de venir régler dans la même lieu des intérêts de toute sorte!... L'argument que nous relevons ne prouve rien d'ailleurs, précisément parce qu'il tendrait à trop prouver. Par suite de la construction des mêmes voies ferrées, certaines localités se trouvent aujourd'hui beaucoup plus rapprochées du chef-lieu du département voisin que de celui de leur propre département. Est-ce là une raison pour demander la suppression des départements?

si l'arrondissement n'existait pas, il faudrait l'inventer, par-dessus tout, comme circonscription électorale.

Dans le système du scrutin individuel, en effet, si on ne s'arrête pas à l'arrondissement comme unité de collége, il faut de toute nécessité en revenir à des circonscriptions plus ou moins arbitrairement délimitées. Personne n'a oublié le savoir-faire du second Empire à cet égard : le département de la Seine-Inférieure vient de nous en offrir, du reste, un échantillon. Dès le début du règne, les départements avaient été déchiquetés de la manière la plus capricieuse et sans le moindre souci de la commodité ou des intérêts des populations. Il paraît toutefois que cette première opération n'avait pas encore suffisamment mis en pièces le corps électoral, car chaque renouvellement de la législature était le signal de nouveaux coups de ciseaux donnés sur la carte avec un sans gêne de plus en plus scandaleux. Un canton qui votait mal, c'est-à-dire qui ne donnait pas la majorité au candidat officiel, était, aux élections suivantes, distrait, par décret, de la circonscription à laquelle il appartenait. Tantôt on se contentait de le retrancher purement et simplement pour le noyer dans celle des circonscriptions voisines où ses suffrages pouvaient le moins changer le résultat du scrutin, tantôt on le remplaçait par un autre canton jugé plus docile !... — Les adversaires de l'arrondissement affirment que de pareils abus ne seraient pas possibles avec des circonscriptions *fixées par une loi* et ne pouvant subir de modifications que dans la même forme. Nous voulons le croire, bien que la façon dont une grande commission de l'Assemblée actuelle vient de traiter le département de la Seine-Inférieure ne soit pas précisément de nature à dissiper tous les doutes sur ce point. Il est certaines heures où les Assemblées délibérantes ne sont guère plus que les individus à l'abri de la passion politique et des entraînements !... Encore une fois, nous trouvons en France d'excellentes circonscriptions électorales toutes faites, des circonscriptions existant non-seulement depuis la Révolution, mais depuis plusieurs siècles, auxquelles les populations sont accoutumées, et qui enfin présentent cet incomparable avantage de ne pouvoir être modifiées sans cesse dans des vues politiques, dans un intérêt électoral : pourquoi donc vouloir en créer d'autres?

Une objection, il est vrai, a été élevée contre cette idée de faire de nos différents arrondissements administratifs autant de circonscriptions électorales : on n'a pas manqué de faire ressortir la grande diversité que présentent ces arrondissements au point de vue de la population.

L'application de notre système rencontrerait là, en effet, une difficulté sérieuse si, dans un État bien ordonné, l'élection devait avoir pour base unique et exclusive la population. Mais quoi qu'en puissent dire certains publicistes de l'école démocratique, il n'en est pas ainsi, par la raison qu'une nation est tout autre chose qu'une juxtaposition d'êtres humains. Je m'explique. D'après Diodore de Sicile, les peuplades de l'Arcadie antique n'avaient jamais fondé ni cités ni villages : elles vivaient isolées dans leurs chaumières. Bien plus, une tentative faite par le héros thébain Épaminondas, pour créer un lien politique entre ces familles indépendantes, aurait, toujours d'après l'historien d'Argyre, complétement échoué.... Nous retrouvons aujourd'hui dans l'Amérique du Nord des populations dont la situation n'est pas sans analogie avec celle des Arcadiens de Diodore. Aux termes de la Constitution des États-Unis, la République comprend d'abord des États et ensuite des *territoires*. On désigne par ce dernier mot des espaces plus récemment occupés par les Européens et dont les habitants au lieu d'envoyer à Washington des sénateurs et des députés, nomment simplement des délégués, lesquels ont entrée et séance à la Chambre des représentants sans y obtenir voix délibérative.... Eh bien ! quand le vainqueur de Leuctres essayait d'organiser à Mégalopolis une députation arcadienne, il ne devait assurément se préoccuper que du chiffre de la population, car il n'avait devant lui que des individualités simplement juxtaposées. De même, la prétention de nos publicistes démocrates serait encore parfaitement fondée dans les *territoires* américains pour la répartition des siéges des délégués : là encore on ne trouve que des individus isolés, Allemands, Français, Anglais,

Irlandais, concessionnaires de parts de forêts vierges et s'occupant chacun de son côté de défricher et de cultiver son lot; là encore on est simplement en présence de têtes d'hommes ayant tous les mêmes droits : il n'y a rien autre chose à faire qu'à accorder un délégué par tant de têtes, et ensuite à dénombrer ces têtes. Tout au plus pourrait-on soutenir que, même dans ces sociétés embryonnaires, il serait bon de tenir compte de la famille, d'avoir égard à l'importance des feux.... Mais passons, et supposons que le Congrès ait jugé à propos d'élever un de ces *territoires* au rang d'État, d'ajouter une étoile au drapeau fédéral : oh ! alors une transformation profonde s'opère dans la condition des laborieux pionniers du Far-West ; à la vie un à un succède la vie politique : les individualités éparses sont devenues les membres d'un seul corps, lequel a son existence, sa personnalité propres, ses lois générales, sa mission, ses droits, ses devoirs ! Ce tout vivant qui a nom une nation se compose de mille éléments divers. La population qui ne forme qu'un de ces éléments constitutifs ne saurait annihiler les autres sans rompre l'équilibre général, sans déterminer dans l'organisme entier les plus graves désordres.

J'ai pris cet exemple des *États* et des *territoires* américains, parce que, mieux encore que celui tiré des mœurs arcadiennes, il marque nettement la différence qui existe entre une réunion fortuite d'individus et un corps national. Je n'ignore point que, même dans les Etats, la Constitution de 1787 s'attache d'une manière exclusive au chiffre de la population pour la fixation du nombre des représentants et leur répartition. C'est là une imperfection qu'il faut regretter dans l'œuvre de Washington, sans hésiter toutefois à reconnaître qu'une semblable disposition législative présente moins de dangers et blesse moins la raison dans l'Union américaine que partout ailleurs. La grande République transatlantique est en effet un État fédératif, né d'hier, créé, si l'on peut s'exprimer ainsi, sur une table rase, n'ayant poussé dans les profondeurs des siècles aucune de ces racines sur lesquelles on ne saurait porter la main sans tout dévaster, tout effondrer. L'Union, même aujourd'hui encore, apparaît aux regards de l'homme d'État moins comme une nation que comme une vaste et admirable association de colons. Les races très-différentes qui la composent n'ont pas encore été suffisamment mêlées, fondues dans le creuset du temps!...

Notre pays, la France, constitue indubitablement, au contraire, l'œuvre nationale la plus achevée des deux mondes. Chez nous, le bronze est coulé, refroidi depuis longtemps : vainement chercherait-on la moindre trace de métal simple! Les Français ne sont rien moins qu'une multitude d'hommes, venus de vingt points opposés et réunis fortuitement sur un même coin de terre où chacun ne cesse de penser avant tout à soi-même. Non! de Dunkerque à Bayonne, et de Brest à Marseille, le même sang coule dans leurs veines, leurs cœurs battent d'un seul mouvement. Le labeur de trente générations, l'action de quinze siècles, ont créé et développé une personnalité puissante, glorieuse, immortelle, la France!... Tous tant que nous sommes, à chacun des degrés de l'échelle sociale, nous ne devons, nous ne pouvons être que ses serviteurs, non ses maîtres. Le roi lui-même n'est que le premier des serviteurs de la patrie : *servus servorum Franciæ!*... C'est dire que le peuple, la population actuelle, les quarante millions d'êtres humains répandus, à l'heure qu'il est, entre le Pas-de-Calais et la Méditerranée ne sauraient avoir le droit de dire : « La France, c'est nous! » Qu'est-ce, en effet, que le peuple?... Une génération!... Or, une génération n'est qu'une feuille de l'arbre de la patrie, un anneau de la vaste chaîne, une pierre de l'immense édifice : elle ne peut fournir qu'un relais sur cette route longue et accidentée qu'a tracée devant chaque nation, en la semant dans le Temps, la main qui sema les astres dans l'Espace!... Les États apparaîtraient le matin pour mourir le soir, s'ils ne reposaient que sur le sable mouvant de la population, au lieu d'être assis sur le granit des traditions et des institutions : *Nec unius hominis, nec temporis esse constitutionem reipublicæ....* dit très-justement Cicéron, d'après Caton l'Ancien!... De même que le corps humain est formé d'un assemblage de parties fort diverses, de même une nation est, je le répète, un organisme des plus compliqués. C'est, avant tout, le territoire, le sol, avec sa configuration, ses accidents, ses qualités productives, ses divisions et subdivisions consacrées par l'usage; c'est un ensemble de souvenirs communs, d'aspirations, d'espérances communes; c'est un faisceau d'influences permanentes, d'intérêts groupés! Le sol, l'esprit public, les influences nécessaires, les intérêts, ont donc tout autant de droits que la population à être représentés! Et il suit de là que lorsqu'on se propose de faire une loi électorale, c'est à la France entière, c'est-à-dire à chacun des éléments essentiels du corps national, qu'on doit s'efforcer de donner une représentation rationnelle et équitable.

Sans doute la perfection n'est pas de ce monde, et une représentation minutieusement exacte, rigoureusement juste, de chacun de ces éléments essentiels d'une nation, devient encore plus difficile que partout ailleurs dans un pays ravagé, nivelé par la fureur aveugle des révolutions. Si le suffrage universel toutefois se prête assez peu par sa nature même à une consciencieuse répartition de la puissance souveraine entre les différents organes vitaux d'une nation, on aurait grand tort de croire que son avénement emporte, comme conséquence inévitable, la brutale autocratie du nombre. Le suffrage universel se borne à donner à la voix d'un montreur d'ours ou d'un joueur de vielle la même valeur qu'à celle de M. Thiers, du maréchal de Mac-Mahon ou de MM. de Rothschild ; mais il ne s'oppose en rien à ce qu'il soit tenu compte des divisions du sol, de la continuité des habitudes, des intérêts collectifs; et sa farouche intolérance ne va pas jusqu'à exiger qu'on parque de vive force dans un même collége électoral les éleveurs de Neuchâtel et les négociants du Havre, jusqu'à refuser un représentant à des groupes homogènes aussi considérables qu'un arrondissement ou une grande ville!

En 1789, l'Assemblée constituante, après avoir adopté le scrutin départemental, fixa le nombre des députés de chaque département d'après la triple base de l'étendue du territoire, de la population, et du rendement des contributions directes. A part les défauts inhérents au vote collectif, c'était là assurément un système fort passable. — La Constitution de 1793, au contraire, exagérant tout, brouillant tout, ne tint compte pour la répartition des siéges législatifs que du chiffre de la population. C'est dans cette élucubration mort-née, œuvre de fous dangereux, que notre seconde Commission des Trente est allée, après les deux Bonaparte et les naïfs Constituants de 1848, chercher le beau principe inscrit par elle au frontispice de son projet de loi !... Nous avons déjà parlé du croc-en-jambe formidable et vraiment risible que la majorité de la Commission s'est chargée de donner elle-même à son propre principe en accueillant l'amendement Delsol. Détail digne de remarque ! Les hommes de 1848, eux aussi, n'avaient guère mieux traité la logique. En décidant que l'élection aurait pour base exclusive la population, ils limitaient *constitutionnellement* le nombre des représentants à sept cent cinquante ; de sorte que, pour accorder un député de plus à un département dont la population aurait notablement augmenté, il eût fallu purement et simplement recourir au colossal appareil de l'Assemblée de révision. D'ailleurs tous ces apôtres de l'égalité à outrance, tous ces fanatiques de l'omnipotence du nombre, portent le dernier coup à leur système en s'en tenant au scrutin par département ! Comment prétendre, en effet, que le citoyen de la Lozère nommant TROIS députés détienne une part de souveraineté égale à celle du citoyen de la Seine, lequel en élit QUARANTE-TROIS ?...

Quand on parle devant des démocrates de régler le droit de l'électeur d'après sa capacité ou l'importance de sa contribution aux charges publiques, ces messieurs n'ont pas assez de sarcasmes pour accabler une semblable prétention : ils crient à l'oligarchie, au privilége, à l'ancien régime !... En revanche, ils trouvent on ne peut plus sensé, on ne peut plus équitable d'étendre ou de restreindre, et cela dans des proportions énormes, ce même droit, selon que le citoyen a planté sa tente entre l'un ou l'autre des quatre-vingt-six zigzags arbitrairement tracés en 1790 sur la carte de France !... L'adoption du principe qui donne à l'élection, pour base exclusive, la population, emporterait comme conséquence rigoureusement nécessaire l'établissement de ce collége électoral unique, comprenant la France entière, et sorti, je ne sais quel jour, du cerveau par trop fécond de

M. Émile de Girardin. Nos législateurs seraient-ils disposés à aller jusque-là ?...

Défions-nous toujours, en politique, des conceptions qui séduisent, au premier abord, par leur extrême simplicité. Depuis Platon et Aristote jusqu'à Benjamin Constant, les plus illustres publicistes et historiens de tous les temps et de tous les pays, Polybe, Cicéron, Machiavel, Paolo Sarpi, Montesquieu, ont écrit là-dessus des pages immortelles, ignorées de beaucoup de démocrates, mais excellentes à méditer pour quiconque ressent le noble désir de vouer sa vie au soin des affaires publiques.... A la fin du dernier siècle, l'expérience politique de la France était nulle ou à peu près : la théorie régnait en maîtresse. Turgot avait donné dans cette chimère des constitutions simples : il avait, dit-on, converti à ses idées son illustre ami, Franklin ; et, sans la sagesse et la pénétration politique de Washington, la jeune république américaine eût dû courir, à peine sortie du berceau, les aventures révolutionnaires.... Les hommes de notre Constituante, chez lesquels les lumières n'étaient malheureusement pas à la hauteur du patriotisme, demeurent presque toujours asservis aux préjugés de Turgot et de Franklin : nous avons expié cruellement depuis quatre-vingts ans plusieurs de leurs erreurs capitales. Que ne furent-ils toujours aussi bien inspirés que dans la confection de cette loi électorale dont nous venons de parler !... Aujourd'hui, dans l'état présent de la science du gouvernement, un pareil enthousiasme pour la simplicité constitutionnelle dénoterait ou des études tout à fait insuffisantes ou une grande légèreté d'esprit. On ne saurait, dit Aristote dans sa *Politique*, on ne saurait prétendre « faire un accord avec un seul son, un rhythme avec une seule mesure. » Quelle figure ferait aujourd'hui un horloger auquel on demanderait d'établir une montre avec une seule roue?... Or, une société est un mécanisme non moins compliqué dont on ne peut assurer le mouvement régulier qu'à l'aide de nombreux engrenages et de tout un système de poids et de contre-poids. Les deux peuples qui, dans l'antiquité et les temps modernes, ont pratiqué avec le plus de sagesse et de persévérance la liberté politique, le peuple romain et le peuple anglais, sont également ceux qui ont toujours manifesté le plus profond dédain, l'aversion la plus invincible pour les formes simples. En effet, la monarchie sans contrôle, l'oligarchie sans frein, la démocratie radicale ne peuvent conduire les nations que de la tyrannie à l'anarchie ou de l'anarchie à la tyrannie. « Tout gouvernement fondé sur un seul principe, écrit Polybe, ne saurait durer : il succombe promptement miné par le vice qui lui est propre [1]. »

Pour conclure, si nous refusons d'immoler la patrie au vieux fétiche révolutionnaire du nombre, nous sommes les premiers à reconnaître que, pour la répartition des siéges des députés, des hommes d'État, dignes de ce nom, ne sauraient refuser, à l'époque où nous vivons, de tenir compte du chiffre de la population. Celle-ci, encore une fois, ne doit pas être seule représentée; mais il est indispensable qu'elle le soit dans une sage mesure ; et nous rions d'aussi bon cœur que qui que ce soit au souvenir de cet unique électeur du bourg de Bossiney, dans le Cornouailles, qui, avant le bill de réforme de 1832, avait droit d'envoyer à la Chambre des communes un député pour lui tout seul [2]!

Nous croyons rester fidèle au double principe par nous posé, en nous arrêtant au système suivant.

Tout d'abord, nous donnons un député à chacun des trois cent soixante et un arrondissements qui à cette heure, Paris retranché, et y compris Belfort et la Corse, forment le territoire de la France. — Dans les arrondissements où la population excède notablement le chiffre moyen, cette augmentation exceptionnelle du nombre des habitants résulte presque toujours de la présence au centre d'une grande

1. VI, 10. — M. Guizot a dit, de nos jours : « Un Gouvernement verse toujours du côté où il penche.
2. Bossiney était le *rotten borough* des *rottens boroughs*. Certes, ces étranges districts électoraux méritent les sarcasmes dont on les a accablés. On ne doit pas oublier toutefois que les hommes d'État les plus illustres de l'Angleterre, depuis les deux Pitt jusqu'à M. Lowe, en passant par Canning et sir Robert Peel, sont arrivés à la Chambre par les *boroughs*. Tant il est vrai que dans les pays libres les institutions les plus défectueuses tournent souvent au bien général!

cité. Nous accordons à ces grandes villes, à côté du député *extra muros,* un ou plusieurs représentants, selon leur importance.

Ce mode de répartition des siéges de la Chambre basse nous paraît préférable à toute autre combinaison.

Quelques hommes politiques ont songé à introduire dans les arrondissements les plus peuplés le scrutin de liste, tout en maintenant pour les autres le scrutin uninominal : nous sommes trop ennemi du scrutin de liste pour accepter une pareille solution. Même réduit à des circonscriptions de peu d'étendue, comme dans le système de M. de Lacombe, le vote collectif a, selon nous, à peu près tous les inconvénients du scrutin de liste départemental sans offrir un seul des avantages du scrutin uninominal.

M. Dufaure, dans le projet de loi électorale par lui déposé, au nom du gouvernement de M. Thiers, en mai 1873, a présenté un système qui, pour être, à nos yeux du moins, beaucoup meilleur, ne nous en semble pas moins offrir encore de sérieux inconvénients. L'illustre garde des sceaux fait nommer un député par tout arrondissement n'ayant pas plus de cent mille habitants : les autres doivent être divisés par la loi en une ou plusieurs circonscriptions, suivant le chiffre de leur population. En supposant même que des considérations de parti ou de personne ne pèsent pas sur la délimitation de ces circonscriptions, on est encore fondé à adresser au projet Dufaure le reproche de sacrifier très-souvent les groupes d'intérêts à la représentation exclusive de la population. Je prends un exemple. Voici l'arrondissement du Havre qui compte environ deux cent vingt mille habitants : dans ce nombre la ville chef-lieu entre pour quatre-vingt-cinq mille. Si l'on admet le système Dufaure, l'arrondissement sera partagé en deux circonscriptions électorales comprenant chacune cent dix mille habitants, c'est-à-dire que vingt-cinq mille habitants des cantons agricoles seront rattachés pour l'élection à la cité havraise. Je ne crains pas de dire, d'une part, qu'on crée de cette façon vingt-cinq mille parias! car ces vingt-cinq mille ruraux dont les intérêts sont tout à fait différents des intérêts havrais ne pourront évidemment rien contre quatre-vingt-cinq mille âmes et seront, en réalité, privés de représentant : d'autre part, s'il advient que la ville du Havre soit divisée d'opinion, nos vingt-cinq mille ruraux qui ne peuvent présenter un candidat à eux, peuvent parfaitement, au contraire, arriver à déplacer la majorité havraise et à écarter un candidat très-distingué au profit d'un candidat très-médiocre ; de telle sorte que les intérêts, l'avenir de la ville du Havre peuvent se trouver à la merci de vingt-cinq mille paysans.... — Dans notre système à nous, ce puissant groupe d'intérêts qui a nom la ville du Havre nomme un député pour lui tout seul : que les Havrais fassent un bon ou un mauvais choix, cela les regarde : leurs destinées sont entre leurs mains : quoi qu'il arrive, ils n'auront à accuser personne !... De même cet autre groupe d'intérêts non moins important, non moins respectable, qui s'appelle l'arrondissement agricole tout entier, élira également et sous sa responsabilité un représentant.... Ainsi justice est rendue à tous : il n'y a de parias nulle part : la grande cité maritime et commerciale a son mandataire exclusivement à elle ; la riche agriculture cauchoise a également le sien ; aucun des deux groupes d'intérêts ne peut opprimer l'autre. Pour ce qui est de la population, elle aussi a sa part très-suffisamment faite.... Nous avons cité cet exemple de notre ville natale parce que c'est le premier qui se soit présenté à notre esprit ; on en trouverait vingt autres dans l'étendue du territoire français et peut-être de plus saisissants encore.

Nous proposons de donner aux villes de Paris et de Lyon un député par arrondissement, c'est-à-dire vingt députés pour Paris et six pour Lyon. Ces arrondissements ne sont pas des créations purement arbitraires ; ils sont formés d'une réunion de *quartiers*, c'est-à-dire de sections ayant presque toujours leur physionomie, leurs intérêts propres. Si cette division, déjà ancienne, paraissait d'ailleurs défectueuse sur quelques points, rien ne serait plus facile que de procéder à sa révision avant les prochaines élections.... La population de Marseille égale aujourd'hui celle de Lyon ; peut-être n'est-il pas téméraire d'affirmer que l'antique cité phocéenne sera avant peu la seconde ville de France : nous serions disposé à considérer comme un acte de bonne administration la division du chef-lieu des Bouches-du-Rhône en arrondissements, et, en conséquence, à lui accorder également un député par arrondissement.... Les autres villes auraient droit à un député spécial dès qu'elles compteraient soixante mille habitants. Créer une représentation particulière au profit des villes d'une moindre importance serait opprimer odieusement les arrondissements ruraux : refuser un mandataire à un groupe homogène de soixante mille individus serait sacrifier les agglomérations urbaines. La population moyenne de nos arrondissements donnant un peu plus de quatre-vingt mille âmes, peut-être quelques personnes préféreraient-elles n'accorder à une ville une députation distincte que lorsque le nombre de ses habitants égalerait au moins ce chiffre moyen. Mais, on le sait, la population n'est pas tout pour nous dans les élections; et tel est précisément le motif pour lequel, après avoir pris pour unité ce chiffre de soixante mille âmes, nous négligeons à dessein toute fraction, quelque importante qu'elle soit. Nous n'augmentons donc le nombre des députés qu'autant que la ville comprend plusieurs séries complètes de soixante mille habitants. Du moment, en effet, où une ville à un mandataire à elle, ses intérêts sont à l'abri de tout péril, et nous avons préféré laisser de côté les fractions, afin de pouvoir abaisser le chiffre minimum de population donnant droit à un député spécial.... Tout amour-propre d'auteur à part, notre système nous paraît faire à la représentation urbaine dans la Chambre une part équitable sans qu'elle devienne excessive.

Nous demandons que les villes non divisées en arrondissements et ayant plusieurs représentants à élire soient divisées par la loi en circonscriptions électorales. Nous avons fait ressortir plusieurs fois les inconvénients de ces divisions, faites en vue des élections ; mais dans l'espèce nous ne voyons aucune autre combinaison possible, à moins de recourir au scrutin de liste, dont nous ne voulons à aucun prix. Trois villes seulement, d'ailleurs, dans notre système, devraient être ainsi sectionnées : Bordeaux en trois colléges, Lille et Toulouse en deux.

Les autres villes devant nommer un représentant sont, d'après l'ordre de la population : Nantes, Saint-Étienne, Rouen, le Havre, Roubaix, Reims, Toulon, Brest, Amiens, Nîmes et Versailles.

Nous ne sommes pas partisan du système républicain qui admet la représentation algérienne et coloniale dans les Chambres de la métropole. Les Anglais, le peuple colonisateur par excellence, ont doté leurs possessions d'outre-mer d'un régime profondément libéral, sans leur accorder cette dangereuse prérogative. Aux colonies, les luttes de race fausseront toujours l'élection.

Dans le projet Dufaure, la Chambre des représentants comprend cinq cent trente-sept membres ; dans le nôtre, le nombre des députés s'élève à quatre cent neuf, en supposant la ville de Marseille divisée en six arrondissements.

Plusieurs de nos amis s'effrayeront peut-être de cette représentation spéciale que nous croyons devoir accorder ainsi à nos principales villes. Pour un trop grand nombre de conservateurs, en effet, la suprême habileté politique consiste à corriger savamment les votes des villes par les votes ruraux, à noyer ceux-là dans ceux-ci. En ce qui nous concerne, nous n'avons jamais vu dans une pareille manière d'agir qu'une violence inique doublée d'une maladresse. On redoute dans certains colléges urbains des élections socialistes, jacobines tout au moins : un tel résultat n'est malheureusement pas invraisemblable. Toutefois, si quelques-unes de nos cités ont manifesté depuis plusieurs années des opinions avancées, il n'est que juste aussi de tenir compte de la situation vraiment incroyable faite aux grandes villes de France, à partir de 1848. Depuis la révolution de Février jusqu'à aujourd'hui, pas une ville, à l'exception de Paris, n'a eu son député à elle. « La plupart des agglomérations de quelque importance, dit avec une parfaite exactitude M. F. de la Coste, dans un article récemment publié par le *Correspondant*, étaient divisées en plusieurs tronçons dont chacun formait comme l'étroit sommet d'une figure géométrique électorale qui appuyait solidement sa large base dans la campagne [1]. » Ces procédés par trop ingénieux de l'administration impériale ont produit dans les grands centres une exaspération que la chute de Napoléon III n'a point

1. *La loi électorale et le scrutin d'arrondissement.* — Livraison du 25 juin 1875.

calmée... Mais il ne faut faire les hommes ni meilleurs ni plus mauvais qu'ils ne sont; et nous persistons à espérer que, le jour où ces mêmes grands centres ne se sentiraient plus opprimés, le jour où la parole leur serait rendue dans les conseils de la nation, la raison, le sang-froid, reprenant possession des esprits, ne pourraient manquer de ramener promptement les citoyens des différentes classes à une plus saine appréciation des hommes et des choses. Il est tout à fait impossible que les populations urbaines n'arrivent pas à saisir cette vérité élémentaire, révélée par le sens commun avant d'être démontrée par l'histoire, savoir : que la modération en politique n'est pas seulement le commencement de la sagesse, mais encore le signe certain de l'intelligence comme de la force et le milieu nécessaire de la liberté.... Quoi qu'il advienne, d'ailleurs, en ne refusant pas justice aux villes, nos législateurs auraient fait leur devoir : or plus nous avançons dans la vie, plus nous tenons pour éclairé et sûr l'avis de Washington : « La plus habile des politiques, c'est encore la plus honnête ! »

Et quant au socialisme, nous sommes profondément convaincu que le moyen le plus sûr d'arrêter ses progrès, c'est de le laisser se montrer au grand jour. On peut comparer les idées fausses, les doctrines malsaines, à ces larves, à ces vers blancs dont les ravages souterrains alarment à juste titre le cultivateur, mais qui meurent incontinent dès qu'ils se trouvent exposés à l'air libre. L'utopie ne tient pas plus devant la discussion publique que les brouillards devant le soleil !... Que les conservateurs cessent donc de paraître fuir une lutte qu'ils devraient être les premiers à souhaiter ! Depuis que les villes sont privées de représentants, nos prétendus réformateurs s'en vont répétant partout qu'on ferme la bouche à la députation urbaine parce qu'il n'est plus possible de contester la légitimité des revendications démocratiques : le temps est venu d'acculer rêveurs et charlatans à la tribune législative, où il ne suffit plus de déclamer comme dans les clubs et les banquets, mais où l'on est forcé de conclure, de condenser ses discours en propositions de loi claires, nettes, précises : épreuve dont les orateurs socialistes ne manqueront jamais de sortir fort maltraités. Sem-

blables, en effet, à cette barque du Styx, faite pour ne porter
que des ombres et qui craque de toutes parts dès qu'Énée et la
pythie, c'est-à-dire des êtres en chair et en os, mettent le pied dedans, tous ces systèmes de rénovation sociale sombrent infaillible-
ment dans l'abîme du ridicule, du moment où, ne pouvant plus dissimuler leur inanité derrière des promesses vagues, des accusations
lancées au hasard, des périodes emphatiques, de grands mots que
ni maîtres ni disciples ne comprennent, ils sont forcés d'aborder le
terrain des applications pratiques.... Nul n'a oublié le poteau des
paresseux de M. Louis Blanc et la banque miraculeuse de Proudhon.
Nos annales parlementaires nous montrent encore deux autres
échauffourées socialistes bien faites pour prouver aux hommes
d'ordre qu'ils ont grand tort de perdre la tête à la nouvelle de
quelques élections révolutionnaires. En 1848, un apôtre de la Révolution ou de l'Évolution sociale prit un jour la parole, à l'Assemblée, pour établir devant le pays les griefs et les prétentions
des « travailleurs ». Il débitait depuis une demi-heure le fatras d'u-
sage, quand ses collègues, qui, en se rendant aux séances, voyaient
encore les pavés teints du sang de la guerre civile, impuissants
à maîtriser un mouvement d'impatience, le sommèrent de formuler
une proposition intelligible. Le malheureux, visiblement troublé,
demanda pour le peuple.... des établissements de bains gratuits !...
Un éclat de rire universel lui répondit.... Plus récemment, au lendemain de la Commune, M. Tolain manifesta à la Chambre
le désir d'être entendu sur l'état actuel de ce qu'il appelait « la
question sociale ». Tous les députés, ceux du côté droit en tête,
s'empressèrent de déférer au vœu de leur collègue. M. Tolain n'était
pas, disait-il, un avocat en quête de popularité ; il se donnait
comme ouvrier, déclarait vouloir faire la lumière pour faciliter
la conciliation et s'interdisait toute excursion dans le domaine
purement politique. Ces préliminaires du député de la Seine pi-
quèrent la curiosité des naïfs. Au jour fixé, le représentant ouvrier
monte à la tribune : toute l'assistance prête l'oreille.... Hélas !
M. Tolain exécute quelques variations sur le thème de commande et
termine en réclamant non des bains gratuits, mais.... la diminution

du prix des places sur les chemins de fer !... Il obtint le même succès d'hilarité que son prédécesseur de 1848; et retirant pour jamais de la poche de son paletot sa harangue apocalyptique, il la glissa sous sa blouse blanche afin de l'offrir à un auditoire plus maniable : car si Cléon ne montait jamais au Pnyx qu'en tenue de corroyeur, M. Tolain (que nous ne pourrions comparer au déma- gogue d'Athènes, sans le grandir et le calomnier), M. Tolain, lui, a deux costumes, un pour Versailles, l'autre, pour les réunions ouvrières....

Conservateurs, ayons foi dans la liberté.... Elle est, dit admirable- ment M. Laboulaye, « la gardienne la plus sûre de l'autel, du foyer et du champ[1]. » La liberté est, en effet, conservatrice de son essence, comme le despotisme est, de son essence, révolutionnaire. Le socia- lisme n'est devenu quelque chose qu'à l'ombre du bonapartisme et du jacobinisme, deux frères jumeaux quoique ennemis ! En fai- sant rentrer sous terre bonapartistes et jacobins, la pratique éclairée et persévérante des institutions libérales dissipera promptement ces mauvais rêves ; et un jour viendra, où, sous l'action bienfaisante d'un gouvernement d'honnêtes gens, nos travailleurs industriels seront les premiers à répéter à leurs fils ces mots d'un savant immortel et d'un illustre républicain[2] : « Quiconque essaye de persuader aux ouvriers qu'ils peuvent améliorer leur situation autrement que par le travail, la bonne conduite et l'épargne, celui-là est un empoi- sonneur ! »

X

Avant de mettre cet écrit sous presse, nous éprouvons le besoin d'exposer brièvement à ceux qui nous feront l'honneur de nous lire notre opinion sur la situation actuelle du parti conservateur libé-

1. Loc. sup. cit.
2. Benjamin Franklin.

·ral, et sur la conduite que ce parti doit tenir dans la lutte électorale maintenant imminente.

La solution républicaine, adoptée le 25 février dernier, n'était pas celle que nous eussions préférée en 1871. Les mœurs politiques de la France, sa position au centre de l'Europe monarchique, nous faisaient appeler de nos vœux le retour de la royauté légitime constitutionnelle, *cette république sans orages*, comme disait en d'autres temps M. Thiers !... Aujourd'hui tout espoir de restauration est perdu. M. le comte de Chambord, qui naguère n'avait qu'à monter à cheval avec la cocarde tricolore pour reconquérir le trône de ses pères, ne cesse depuis quatre ans de s'ingénier à se rendre impossible ; et si les hommes d'extrême droite peuvent encore former un parti redoutable d'opposition, ils sont désormais morts et bien morts comme parti de gouvernement.

L'impartiale histoire dira que les conservateurs libéraux ont vraiment tenté le possible et l'impossible pour arriver à renouer solidement la chaîne des traditions nationales : ils désiraient Louis XVIII sans pouvoir accepter Charles X !... La lettre du 29 octobre 1873 rendit un interrègne inévitable.... Comme la France, au milieu de l'effervescence des partis et en face d'une situation extérieure grosse de dangers, ne pouvait trouver la sécurité et encore moins la prospérité sous le trop fragile abri de la constitution Rivet, M. le duc de Broglie conçut l'idée d'un pouvoir présidentiel septennal, lequel fut déféré le 20 novembre au maréchal de Mac-Mahon, déjà revêtu depuis le 24 mai de la puissance exécutive. Cette combinaison du septennat offrait cet avantage très-réel de permettre aux hommes distingués de toutes les opinions de servir leur pays sans mentir à leur passé, sans renier leur drapeau. Malheureusement, elle présentait un caractère un peu abstrait pour les masses qui se préoccupent toujours plus de la forme que du fond, et que les néologismes troublent visiblement. Les populations des campagnes surtout ne cessaient de demander où on les conduisait, et d'adresser à tout venant cette éternelle question, suffisante à elle seule pour prouver combien l'idée d'un pouvoir fort et durable est demeurée jusqu'ici, chez nous, inséparable de la forme monarchique : « Qui reviendra ? »

Un autre inconvénient, celui-là beaucoup plus grave, du Septennat, c'était de prolonger pour un temps beaucoup trop considérable l'anonymat dans le gouvernement : aucun parti n'était forcé de déposer les armes. Les bonapartistes, notamment, trouvaient dans cette longue trêve un moyen facile de continuer sans interruption et au grand jour leurs menées les plus audacieuses, et d'occuper les positions de leur choix pour la grande lutte de 1880. La loi restait trop faible devant les factions. Il était de plus à craindre que, lassé d'agitations, irrité de se voir ainsi forcé de vivre dans une perpétuelle incertitude de l'avenir, le pays ne finît par se jeter dans les bras, non des plus sages, mais des plus hardis et des moins scrupuleux sur le choix des moyens de parvenir.....Ces dangers du pacte septennal, les conservateurs libéraux, M. le duc de Broglie, tout le premier, les voyaient mieux que personne. Mais bien qu'imparfait, un pareil *modus vivendi* valait mieux que le néant. Or, si nos amis politiques, sans souhaiter l'avénement de la République, étaient prêts à la subir le jour où elle deviendrait une inéluctable nécessité, les députés de la droite, même modérée, étaient loin alors d'être dans les mêmes sentiments ; et le centre droit eût consommé la ruine de la France, s'il se fût séparé, dans un pareil moment, des autres groupes conservateurs. De toutes parts, d'ailleurs, on comptait beaucoup plus sur l'épée de Mac-Mahon et sur la valeur des personnages qu'il maintiendrait ou appellerait dans ses conseils, que sur le mérite de l'institution elle-même ; et avant de lancer la France sur la route assez peu sûre de la République, plus d'un royaliste constitutionnel se demandait si, durant un intervalle de sept années, la Providence, dans la main de laquelle rois et bergers ne sont ici-bas que des instruments, ne se chargerait pas de résoudre selon ses vues des questions qui venaient de défier les efforts des hommes !...

Chose étrange ! ce furent les légitimistes d'extrême droite, qui n'ont plus rien à espérer en ce monde, et les bonapartistes, dont le Septennat servait les intérêts sous tous les rapports, ce furent les légitimistes extrêmes et les bonapartistes qui firent échouer la combinaison de M. de Broglie ! Dégageant leur parole avec le plus étonnant sans gêne, les uns et les autres refusèrent de définir les pouvoirs du maréchal après les avoir votés. La chute de M. le duc de Broglie et de ses collègues, le 16 mai 1874, détermina un perpétuel état de crise qui n'a pris fin que par le vote de la Constitution et la formation du cabinet Buffet-Dufaure. Personne n'a oublié ces tentatives d'organisation constitutionnelle suivies d'échecs multipliés, ces séances lamentables où l'égoïsme, les rancunes implacables des partis refusaient à la patrie les moyens de vivre. La situation devint extrêmement tendue dans les premiers jours de la présente année. Le chef de l'État demeura six semaines sans pouvoir arriver à composer un ministère. Sans doute, le prestige de son nom, enchaînant au dedans comme au dehors la confiance et le respect, parvint à sauver momentanément les fonds publics, l'ordre matériel, la dignité nationale; il n'en devenait pas moins évident qu'une solution constitutionnelle immédiate empêcherait seule une catastrophe. Si, en effet, l'ardent patriotisme du maréchal lui donnait la force de mépriser de basses injures et de vider jusqu'à la lie la coupe d'amertume, pour parfaire sa tâche glorieuse, le souci de sa propre dignité, d'autre part, lui commandait impérieusement de se retirer le jour où il se verrait définitivement impuissant à bien faire.... Dans cette terrible conjoncture, le centre droit qui, en se portant d'un côté ou de l'autre de l'Assemblée, pouvait changer la face des choses, n'hésita pas à faire acte d'initiative. Dévoué corps et âme à la monarchie traditionnelle, il avait sacrifié sa popularité à ses convictions ; il avait dévoré en silence les sarcasmes et les outrages de la presse républicaine, thiériste, bonapartiste, sans parler des quotidiennes aménités de certaines feuilles légitimistes !... Or, cette monarchie traditionnelle, elle lui avait manqué dans les mains.... Pour retarder l'échéance républicaine, il avait accepté et défendu le septennat : le septennat venait de succomber à son tour sous une monstrueuse coalition. Croyant alors avoir assez fait pour la cause royale, songeant avant tout au salut de la patrie, les députés conservateurs libéraux s'inspirèrent de cette maxime de saint Thomas d'Aquin : « La politique est la science des choses possibles », et comme, pour tout homme de bon sens et de bonne foi, il n'y avait plus de possible que la République, nos amis firent aux groupes de gauche des ouvertures qui, après des sacrifices réciproques et grâce surtout à l'abnégation du maréchal de Mac-Mahon, aboutirent au vote du 25 février... Dieu et l'histoire jugeront le centre droit !... Notre opinion est que ses membres peuvent attendre avec confiance ce double verdict, et, pour le moment, fermer la bouche à leurs détracteurs par cet aphorisme imité de Montesquieu : Les véritables auteurs de la République ne sont pas ceux qui, pour éviter au pays de plus grands malheurs, se sont résignés à l'établir ; mais bien ceux qui l'ont rendue inévitable !...

Laissons maintenant le passé pour le présent, les récriminations pour les faits. La France, à l'heure actuelle, a un gouvernement non plus provisoire et anonyme, mais défini, sinon définitif. La République n'existe plus seulement en fait : elle existe également en droit tant que la Constitution du 25 février ne sera pas revisée ; et, jusqu'au 20 novembre 1880, le seul maréchal de Mac-Mahon peut, quoi qu'il arrive, provoquer cette révision. Le premier devoir du citoyen étant le respect des lois[1], il faut que tous les bons Français se rallient franchement au gouvernement légal et le servent sans hésitation. L'intérêt non moins que le patriotisme leur commande impérieusement une telle conduite. Radicaux et socialistes auraient vraiment la partie trop belle, dans les élections, en face de conservateurs inconstitutionnels. Le moyen le plus sûr pour nous, conservateurs, de ne pas passer sous le joug des jacobins et des utopistes, c'est de ne pas leur marchander la République ; mais aussi d'entrer dans la place et de nous y établir assez solidement pour que la Révolution ne puisse en forcer les portes. M. Thiers a dit un jour : « La République sera

---

1. Au temps où M. Thiers alarmait le pays par ses menaces perpétuelles de démission, quelqu'un demanda au maréchal de Mac-Mahon, commandant en chef l'armée de Versailles, quelle conduite il tiendrait dans le cas où le Président se retirerait. « Je resterai, répondit le maréchal, ce que j'ai toujours été, le soldat de la loi ; et la loi pour moi, c'est ce que décide la moitié des membres de l'Assemblée nationale, plus un !... » Nous reproduisons ces mots, non-seulement parce qu'ils mettent en pleine lumière, avec la loyauté sans tache du vainqueur de Magenta, son admirable sens politique, la netteté de ses vues, la résolution de son attitude ; mais surtout parce que, dans les circonstances présentes, ils doivent, à notre avis, devenir comme une sorte de cri de ralliement de tous les gens de bien.

conservatrice ou elle ne sera pas. » Nous croyons beaucoup plus
exact de dire : « La République sera ce que les conservateurs la
feront. » En effet, la clause de révision, dont le centre droit a
exigé l'insertion dans le pacte constitutionnel, non-seulement deviendrait tout à fait illusoire, mais même pourrait être retournée
contre les conservateurs, si le parti avancé disposait en 1880 de
la majorité dans les Chambres. D'un autre côté, les hommes
d'ordre forment les quatre cinquièmes de la nation : c'est dire
qu'ils peuvent ce qu'ils veulent ! S'ils s'obstinent à combattre,
ou simplement à bouder un régime devenu, pour le moment du
moins, nécessaire, nous ne tarderons pas à verser à gauche.
Si, au contraire, ils savent oublier leurs ridicules divisions, se-
couer leur honteuse nonchalance, la République est à eux, et pour
longtemps[1]...

Rompre, du reste, en ce moment des lances contre la République,

1. Par suite de certains scrupules fort respectables assurément, mais qui avaient
leur source bien plutôt dans les antécédents politiques des députés et leurs relations
privées, que dans un dissentiment réel et sérieux sur la solution à donner à la
question constitutionnelle, la droite modérée n'avait pas cru devoir suivre le centre
droit dans l'évolution exécutée par celui-ci en février. Cette scission entre les deux
puissants groupes parlementaires dont l'union intime a été depuis 1871 si profita-
ble à la France, ne pouvait être que passagère : on avait différé sur un point de
forme sans cesser pour cela d'être d'accord au fond. Aussi, avons-nous vu, avec bon-
heur comme sans surprise, l'entente rétablie entre la droite modérée et le centre
droit lors du vote des lois complémentaires. Cette entente ne sera plus troublée. La
droite modérée, dont le patriotisme et la loyauté n'ont d'égale que l'intelligence politique, est devenue franchement constitutionnelle. La République n'a donc plus
pour adversaires que les bonapartistes, les légitimistes d'extrême droite et les radicaux. Il est clair comme le jour, en effet, que la clause de révision n'est pas dirigée
contre la République, mais bien contre la Révolution. Si la République sait demeu-
rer jusqu'en 1880 conservatrice et chrétienne, nul ne sera assez insensé pour
demander l'abrogation d'une forme de gouvernement qui n'aura fait que du bien au
pays.
Certaines personnes affirment que les bonapartistes et les légitimistes extrêmes
seraient sur le point d'entrer en pourparlers. C'est là, nous n'en avons jamais douté,
une odieuse et absurde calomnie. Les légitimistes les plus aveugles méritent une
meilleure fin. Et le duc d'Enghien sortirait de sa tombe plutôt que de laisser s'achever
le festin d'aussi scandaleuses fiançailles!...
Quant aux radicaux qui n'ont voté la Constitution que dans l'espoir de la renverser sur le maréchal à la première occasion favorable, les conservateurs, encore une
fois, n'ont qu'à se résoudre à ne pas tirer les uns sur les autres pour être certains
de déjouer sans peine un pareil calcul.

est-ce servir les intérêts de la royauté? Nullement. C'est faire les
affaires du bonapartisme, cet autre péril national et social, non
moins dangereux que le radicalisme. En ce qui nous concerne,
nous ne cesserons de répéter à nos campatriotes qu'il n'y a pas à
distinguer entre Catilina et César. Le radicalisme, c'est le mal révolutionnaire à l'état aigu, mais par cela même de courte durée; le
bonapartisme, c'est le même mal passé à l'état chronique. Catilina
et César poursuivent un but identique : le nivellement social au
profit d'une tyrannie de hasard. Le premier attaque la société à
main armée et se fait écraser; le second arrive à ses fins par des
moyens plus lents, mais singulièrement plus sûrs. César, dans tous
les pays comme dans tous les temps, n'a qu'une politique : exciter
sans cesse les différentes classes de citoyens les unes contre les autres, les flattant et les trahissant tour à tour, pour les tenir toutes
en servage.... Il n'est pas besoin d'être homme d'État pour comprendre combien un pareil système de gouvernement vient vite à
bout des nationalités les plus fermes, les plus vivaces. Un État
divisé, c'est une construction sans chaux et sans ciment; à
la première secousse, tous les moellons crouleront les uns sur les
autres et ne formeront plus qu'une poussière dont quelques gouttes
d'eau feront de la boue!... D'autres causes d'ailleurs concourent encore, dans le césarisme, à hâter la dissolution sociale. Proscrivant
les nobles labeurs de la liberté, et forcé, d'autre part, de fournir à
l'activité humaine l'aliment quotidien qui lui est indispensable,
l'Empire en est réduit à attiser à tous les degrés de l'échelle sociale
la fièvre des jouissances matérielles. L'agiotage couvre de son fu-
mier le forum silencieux; les vertus domestiques sont traitées de
préjugés bourgeois!... Oh! malheur! trois fois malheur aux peuples
qui cherchent le repos et la prospérité sous le sceptre césarien!...
Ils s'endorment sous le mancenillier!... Qu'importent les personnes!... Sous Titus comme sous Néron, sous Antonin comme sous
Commode, la démocratie absolutiste poursuit son œuvre de mort!...
— Pour abattre Catilina, il a suffi d'un consul dans le temple de
la Concorde, et de l'autre à Pistoïa. Ni les *Philippiques*, ni les lé-
gions de Brutus n'ont pu barrer le chemin au césarisme. Le chris-

tianisme seul devait terrasser le monstre en relevant les mœurs, en rétablissant l'union entre les classes par ses préceptes sublimes de charité, en mêlant dans l'épreuve du martyre et sur le sable du cirque le sang du patricien à celui de l'esclave!... Mais le jour où la croix du Colisée se dressait victorieuse devant la loge impériale déserte, les temps du Capitole étaient achevés et un monde nouveau apparaissait sur la scène de l'histoire!...

Il faudrait que la République en vînt vraiment à tomber bien bas pour ne pas valoir au moins l'Empire! Si nous ouvrons l'histoire de France contemporaine, le parallèle est tout à fait à l'avanvantage de la première. La République en 1849 maintient le pouvoir temporel : l'Empire spolie la papauté! Napoléon III encourage la fondation de l'Internationale : M. Thiers, l'Assemblée nationale et le maréchal de Mac-Mahon écrasent la Commune. La République sauve le territoire quand elle ne l'agrandit pas; les Bonaparte ruinent et mutilent la patrie trois fois en cinquante ans!...

Du moment où, pour le malheur de tous, la Couronne de France ne peut reposer sur la tête du Roi, elle n'est à sa place que sur la tête du peuple!...

La République inaugure une forme de gouvernement ouverte à tous. « L'honneur, dit M. H. de Lacombe, peut s'y déployer à l'aise : les plus hautes têtes peuvent y entrer sans se baisser[1]. » Que la la constitution du 25 février 1875 ferme donc l'ère funeste de nos discordes!... Dieu, dit l'Écriture, a fait les nations guérissables, *sanabiles fecit nationes orbis terrarum!*... Aidons-nous un peu nous-mêmes, et nous ne saurions manquer d'être aidés par Celui qui, suivant l'expression du roi Charles VII, « s'est montré tant de fois bon Français!... » Paix, travail, prudence, union, voilà la seule devise qui nous convienne à l'heure actuelle. N'ayons jamais d'autre mot d'ordre dans la bataille électorale qui va se livrer!... Au sixième

---

1. *Les lois constitutionnelles et le parti conservateur, le Correspondant*, livraison du 25 juillet 1875. Après avoir eu le regret de combattre sur un point particulier l'opinion de M. H. de Lacombe, nous sommes heureux de nous trouver en parfaite communauté d'idées avec un conservateur aussi éclairé sur la ligne de conduite que doivent suivre, en ce moment, tous les véritables amis de la patrie, de l'ordre et de la liberté.

chant du *Purgatoire,* Dante et Virgile rencontrent le poëte Sordello, de Mantoue, qui les regarde passer d'un air indifférent ; mais le chantre d'Énée vient à prononcer le nom de sa ville natale, et Sordello de se précipiter dans ses bras :

.... O Mantovano, io son Sordello,
Della tua terra....

Nous aussi, membres des différents partis politiques qui divisent la France, nous avons pu, au sein d'une longue période de sécurité nationale, affecter les uns pour les autres une regrettable indifférence : en face de l'étranger qui nous hait et épie l'occasion de nous achever, donnons-nous l'accolade de Sordello ; et tous, sous le drapeau de la République, unissons nos efforts pour sauver le pays !...

Sur les plages de notre vieil Océan, maintes fois il nous fut donné de voir d'intrépides marins ramener au port leur navire battu par la tempête. C'est le même, disaient-ils, qui naguère excitait l'admiration, l'envie de tous. Hélas ! la fureur des flots s'est déchaînée contre lui : sa mâture s'est effondrée, sa coque s'est entr'ouverte !... Déjà il s'inclinait sur l'abîme, quand nous pûmes saisir sur une vague cette épave dont nous avons fait un *mât de fortune :* le vent du salut a enflé cette voile de suprême espérance !... Et nous aussi, contemplant la France encore couverte de sang et de ruines, nous nous écrierons : Noble et antique vaisseau à demi brisé par quatre-vingts ans d'orages, toi aussi, tu as vu céder tes bords et tomber ta mâture sous les boulets de la guerre étrangère et de la guerre civile ; toi aussi tu as failli sombrer dans une dernière tourmente !... Le ciel enfin apparaît plus clément. Élève avec confiance dans ta détresse et en l'absence de tout autre moyen de secours le mât de fortune de la République !... Le guidon qui le surmonte doit relever les courages les plus abattus : c'est celui qui s'agitait au sommet de Malakoff, quand, au sein des bataillons fauchés par la mitraille, une voix retentit : « J'y suis, j'y resterai mort ou vivant ! » Sur ta nef sacrée, ô patrie, un héros commande qui ne t'abandonnera pas ! Trois mots peuvent résumer sa vie : l'Honneur pour base, la France pour but, le Sacrifice pour moyen !... Que tes fils, eux non plus, n'abandonnent pas un tel chef; qu'ils s'inspirent de son exemple, qu'ils le secondent dans sa tâche aussi difficile que glorieuse, qu'ils demeurent mac-mahoniens pour rester bons Français; et bientôt, par delà les derniers nuages, le soleil éclairera de nouveau à l'horizon les rivages bénis de ta vieille grandeur !

FIN.

Typographie Lahure, rue de Fleurus, 9, à Paris.

PARIS. — TYPOGRAPHIE LAHURE
Rue de Fleurus, 9

0

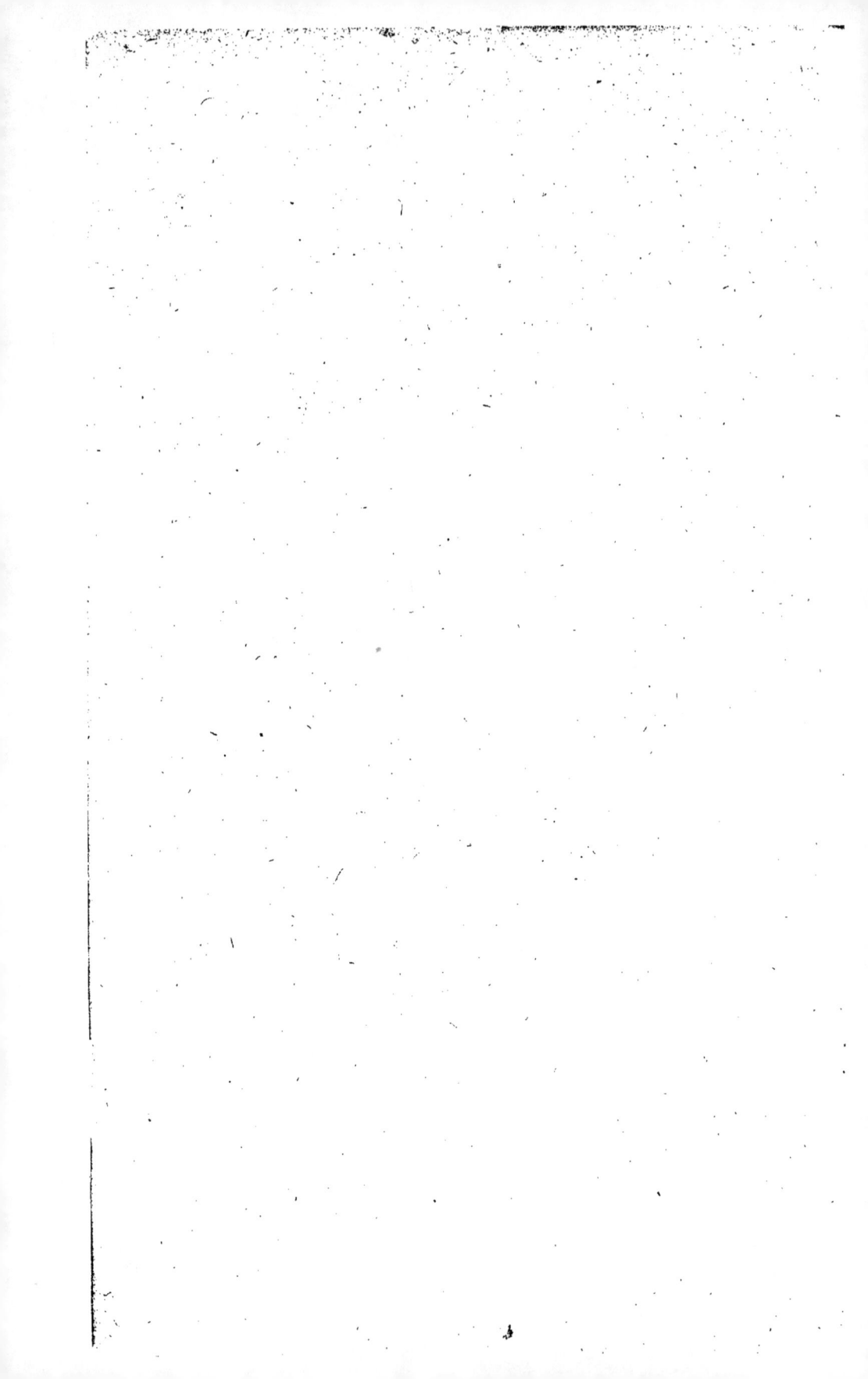

www.ingramcontent.com/pod-product-compliance
Lightning Source LLC
Chambersburg PA
CBHW070907280326
41934CB00008B/1620